超譯
니체의 말
필사집

《초역 니체의 말 필사집》은
《초역 니체의 말》과《초역 니체의 말 Ⅱ》에 실린 455편의 글 가운데
한 문장 한 문장 손글씨로 되새기며 오롯이 음미하면 좋을
190편의 글을 간추려 새로이 담았습니다.

니체라는 괴짜 철학자

독일의 철학자 니체Friedrich Wilhelm Nietzsche(1844~1900)는 19세기 중반에 태어나 20세기가 밝아 오기 전 세상을 떠났다. 24세에 스위스 바젤대학교의 교수가 되었지만, 교직에 몸담은 것은 불과 10년 남짓으로 그 이후 요양을 위해 유럽 각지를 여행하며 독특한 저술과 사색을 이어갔다. 니체의 저작 가운데 세상에 가장 널리 알려진 것은 《차라투스트라는 이렇게 말했다》일 것이다. 이 책을 모르는 사람이라도 리하르트 슈트라우스Richard Strauss가 작곡한 〈차라투스트라는 이렇게 말했다〉의 선율은 들어 본 적이 있을 것이다. 이 곡은 영화 〈2001년 스페이스 오디세이〉의 주제곡으로 사용되기도 했다.

니체는 철학자이기는 했지만, 난해하고 추상적인 모든 문제에 대해 사색하며 그 이론을 풀어 냈던 사람은 아니다. 그는 당시의 기독교적 도덕이 지나치게 내세적이라 비판하고, 이 세상에 있어 가장 중요한 것은 무엇보다도 진리나 선, 도덕임을 강력하게 주장했다. 결국 현대라는 시대를 살아가는 인간을 위한 철학을 피력한 것이다. 니체의 이름이 전 세계에 알려지고, 현재까지도 회자되는 이유는 그의 날카로운 통찰력 때문이다. 핵심을 찌르는 날카로운 시점, 강인한 생기, 불굴의 영혼, 보다 높은 곳을 향해 나아가려는 굳은 의지가 참신하고 짧은 명문장에 고스란히 담겨 있기에 그의 말은 오늘날까지도 수많은 사람의 귀를 젖히고 마음 깊이 아로새겨지고 있다. 그리고 그러한 특징은 주로 짧은 경구와 산문체의 글 토막에서 더욱 강력히

발휘된다. 《초역 니체의 말》에서는 니체의 명언 가운데 우리 현대인의 이성과 감성을 흔들며 때로는 위로가, 때로는 매서운 질타가 되는 주옥같은 글을 선별해 편찬했다.

니체의 철학 또는 독특한 사상은 칸트나 헤겔처럼 장대한 체계를 목표로 정리된 것이 아닌, 정열적인 문장으로 엮은 단편과 짧은 산문체가 많다. 편린과도 같은 짧은 글일지라도 니체의 발상에는 분명 마음을 사로잡는 매력이 있다. 가령 '인간의 육체는 커다란 이성이며, 정신이라 불리는 것은 작은 이성'이라는 대담한 발상은 분명 예술적인 매력으로 가득하다고 말하지 않을 수 없다. 칸트처럼 올곧은 철학자라면 자신의 설에 이유를 설명하고 철학의 골자로 삼았겠지만, 니체는 그 같은 발상을 아무렇지 않게 던져 버렸다. 그런 점에서 보면 니체는 철학자라기보다 예술가에 가깝다 할 수도 있을 것이다.

이전부터 니체에 대한 유언비어나 오해는 적지 않았다. 나치의 사상적 토대가 되었다거나 니힐리즘Nihilism의 철학을 세상에 퍼뜨렸다, 반유태주의였다 등의 낭설이 그것이다. 니체의 사상이 히틀러나 나치즘에 영향을 미쳤다는 오해는 근거 없는 악질적인 소문이다. 히틀러나 나치즘은 자신들의 공허한 부분을 채우면서도 허세를 부리기 위해 기존의 여러 다양한 분야의 사상을 제멋대로 왜곡하고 거침없이 끌어들였다. 게다가 니체의 여동생이 나치즘에 빠져 그들을 돕고, 헝가리의 마르크스주의 철학자 루카치Georg Lukacs가 니체를 나치즘의 선구자라 주장한 것이 이 같은 오해가 일파만파 확산한 경위가 되기도 했다. 니체가 반유태주의였다는 주장 역시 사실이 아니다. 오히려 반종교주의에 가까웠다고 하는 편이 맞을 것이다. 니체는 종교의 무엇이 싫었던 것일까? 대개 종교라는 것은 한결같이 피안, 즉 신이나 사후 세계, 무한성에서 도덕의 잣대를 구하고자 했기 때문이다. 그러나 니체는 피안이 아닌, 지금 이 세상을 사는 인간을 위한 도덕이 필요하다고 생각했다. 그리하여 니체의 사상은 '삶의 철학'이라 불린다.

니체는 니힐리즘 철학자가 아니다. 오히려 니힐리즘을 비판하는 것이 니체였다. 니힐리즘이라는 용어는 허무주의로 번역되는 경우가 많다. '니힐 Nihil'은 라틴어로 '무無'라는 의미로, 절대 가치와 진리 따윈 없다는 입장을 취하는 것이 니힐리즘이다. 현대는 가치의 상대화에 의해 절대 가치는 존재하지 않는 상태이기에 니힐리즘의 시대라 말할 수 있다. 그러나 현실적으로 현대인의 절대 가치는 돈과 이윤이다. 인간이란 어디에서든 절대 가치를 발견하지 않으면 견딜 수 없을 만큼 불안한 존재다. 19세기까지 서구에서 생각하는 절대 가치와 진리는 기독교 도덕이었다. 그러나 니체는 당시의 종교가 기독교 도덕이라는 존재하지도 않는 가치를 강요하고 있다고 해석했다. 그 도덕은 살아 있는 인간을 위한 것이 아닌, 진짜가 아닌 것이라 생각한 것이다. 그렇다면 근대의 돈과 이윤은 현대의 새로운 절대 가치일까? 니체는 이것을 신의 대체물로서의 가치가 있다고 보았다. 결국 니힐리즘에서 도망치기 위한 새로운 니힐리즘이라 비판한 것이다. 니체는 《차라투스트라는 이렇게 말했다》에서 "우리들은 영원한 무無 가운데 떠돌고 있는 것이 아닌가?"라고 말했다. 유고를 한데 엮은 《힘에의 의지》에서는 "지금의 도덕에 대한 의문이 세계를 석권하게 될 것"이라 말했다. 흡사 현대의 상황을 예언하고 있지 않은가.

니체의 철학은 결코 어렵지 않다. 조금만 읽어 봐도 온몸의 신경을 곤추세우는 흥분을 느낄 것이다. 니체의 문장이 당신을 흥분시키는 것이 아니라, 당신 자신의 이성으로 사고한다는 생생한 체험을 통해 스스로 자극과 영감을 받기 때문이다. 거기에 니체의 가장 큰 매력이 있다.

책의 선율에 관하여

《초역 니체의 말》의 기저에 흐른 사상이 '자신에 대한 존경심', '삶의 기쁨', '자기 극복'이었다면 《초역 니체의 말 Ⅱ》에는 '삶의 창조', '고난의 수용', '높은 것에 대한 의지'가 담겨 있다.

'삶의 창조'란 매일 반복되는 삶의 방식을 자신의 의지로 하루하루 새롭게 만들어 나감을 의미한다. 그러나 불행히도 현대에는 굳이 만들어 나가지 않아도 하루는 그저 흘러간다고 생각하는 이들이 많은 듯하다. 매일 같은 길을 걸으며, 같은 장소에 가고, 같은 것을 하고, 늘 하던 일을 적당히 해내는 것이 인생이라고 말하는 이도 있다. 아무런 의문도 갖지 않고, 위험한 일에는 몸을 사리고, 능숙하게 윗사람의 비위를 맞추면서 안정되고 평범한 생활을 누리는 것을 만족스러운 인생이라 여긴다. 하지만 과연 그러할까? 그처럼 완벽히 보호되고 만족을 가져다주는 인생이 과연 현실에 존재할까? 존재한다손 치더라도 금세 사라져 버릴 신기루 같은 착각일 뿐이다. 누구나 알고 있듯이 현실의 인생에 안정이란 없다. 인간의 삶은 유동적이다. 흔들리고 불안정하며 상승과 하강을 반복한다. 사람의 기분조차 뱃속에 음식이 차 있느냐 없느냐로 180도 달라지는데 하물며 생활과 인생은 어떠하랴.

니체는 이 같은 인간 삶의 불안정을 살아 있음의 본질이라고 받아들였다. 그리고 이러한 유동적인 변화를 가장 적절하게 표현할 수 있는 단어를 제시했는데, 그것이 'Werden'이다. 독일어인 이 말은 사물이나 사람이 무언가로 되어 가는 것, 변화하는 것, 성장하는 것에 널리 사용된다. 니체 관련 번역서는 이를 '생성'으로 번역했다. 우리가 살아가는 하루하루는 그야말로 생성의 나날들이다. 힘에 이끌릴 것인가, 퇴락할 것인가, 만들어 낼 것인가, 게으름을 부리며 퇴행할 것인가, 획득할 것인가, 잃을 것인가, 사랑할 것인가, 버릴 것인가, 기를 것인가, 죽일 것인가…….

정체도, 적당한 유지도 불가능하다. 늘 동적이다. 그것이 인간의 하루하루가 지닌 현실이다. 그렇기에 우리는 자신의 하루하루와 삶의 면면, 꿈을 향해 자신의 결단으로 능동적으로 창조해 나가야만 한다. 즉 자신을 부단히 만들어 가야 한다. 그것이야말로 살아가는 것 그 자체이기 때문이다. 마치 세포가 침묵 속에서 생과 사의 창조를 반복하듯 말이다.

'고난의 수용'이란 문자 그대로 인생의 고난을 받아들인다는 의미다. 삶에서 맞닥뜨리는 고난은 재해도, 벌도 아니다. 고통은 이 세상을 살아가는 이에게 반드시 수반되는 것이며, 니체는 그 필연을 받아들이라고 말한다. 고난을 수용하고 어떻게든 극복했을 때 인간은 변화한다. 낡은 자신에서 '탈피'한다. 그럼으로써 그전과는 삶의 풍경이 달라진다. 바라보는 눈이 달라지며, 감회도 달라진다. 자기 자신이 완전히 변화한다. 생성의 과정을 한 단계 거쳤기 때문이다. 무언가를 이루거나 창조할 때도 고난과 장애는 뒤따르기 마련이다. 그 고난과 장애를 뛰어넘지 않으면 무엇도 만들어 낼 수 없다. 고난 없이 천재가 된 이는 지금껏 아무도 없었다. 고난은 사람을 성장시키고 살아갈 용기를 준다. 결론적으로 고난은 강하게 살아가고자 하는 이의 '생성의 나날'에 없어서는 안 될 은총과 같은 것이다.

'높은 것에 대한 의지'란 인간이 가진 능력의 극한까지 도달하려는 의지를 말한다. 여기에는 타인에게 보이기 위함이 아닌 자신만을 위한 고독한 고결함, 범상치 않은 적극성이 담겨 있다. 만약 많은 것을 가지려고 하는 세속적 탐욕에 함몰되어 버리면 자신이 딛고 있던 땅은 탐욕에 힘없이 점령당하고, 높이 있는 것에 대한 의지는 멀리서 차갑게 빛나는 별처럼 요원한 것이 되고 말 것이다. 물론 높은 곳을 바라보는 것은 생성의 과정에 있는 본인이 선택하는 것이다. 아무것도 바라지 않는다면 결국 타락하고 쇠퇴할 수밖에 없다. 애매한 상태로 완충지대에 남아 있는 것은 불가능하다. 앞서 말한 대로 인생의 본질이란 유동과 생성 속에 있기 때문이다. 애초에 완충지대란 존재하지 않는다. 아무런 결단도 내리지 않으면 세상의 탁류에 쓸려 갈 뿐이다. 더불어, 높은 곳을 향하기 위해서는 험준한 낭떠러지를 등반할 때와 다름없는 수고와 노력이 필요하다. 그리고 고통은 그만큼 자신을 성장시키고 보다 많은 쾌락을 가져다줄 것이다. 그 쾌락은 이 삶을 살게 되어 다행이라고 여기는 긍정과, 종국에는 모든 세상사와 풍경을 긍정하는 것마저 아우른다. 바로 이것이 니체가 명명한 '성스러운 긍정'이다.

니체가 시종일관 자극적인 사상만을 전개했던 것은 아니다. 그의 저서에는 섬세한 감수성을 엿볼 수 있는 편린도 담겨 있다. 그러한 부분들을 《생성의 무구》에서 몇 가지 인용하려고 한다.

"정오에 울려 퍼지는 마을 탑의 종소리는 경건한 마음과 굶주림을 동시에
 깨닫게 한다."

"작은 마을의 골목길을 비추는 휴일의 햇빛과 같이, 보는 것만으로도 만
 족스럽다."

"겨울이 끝나갈 무렵 눈이 녹아내린 깊은 골짜기는 창백한 낯빛을 띤다."

"숲의 시냇물 곁을 걸을 때는 우리 마음속에 있는 선율이, 강하게 흔들리
 는 다채로운 소리가 되어 울려 퍼진다."

당시 사람들이 남긴 편지나 기록에 따르면 니체의 성품은 온화했다고 한
다. 목소리는 조용하고 행동은 조심스러웠다. 그러나 타인에게 그런 인상을
풍겼을지언정 그의 내면은 대쪽 같았던 것 같다. 니체는 비참하고 남루한
삶을 그저 받아들이며 살아가는 수동적인 삶을 혐오했다.

생생히 살아 있는 자신, 고난을 극복하는 강인한 의지와 생성하는 삶의
세계관을 피력한 니체. 타오르는 무언가를 품고 멀리 보이는 산봉우리들을
결연한 눈빛으로 바라보았을 생의 철학자를 그려 보며 글을 마친다.

시라토리 하루히코

차례

I
자신에 대하여

II
기쁨에 대하여

III
삶에 대하여

IV
마음에 대하여

V

친구에 대하여

VI
인간에 대하여

VII
세상에 대하여

VIII
사랑에 대하여

IX
지성에 대하여

X
아름다움과 고귀함에 대하여

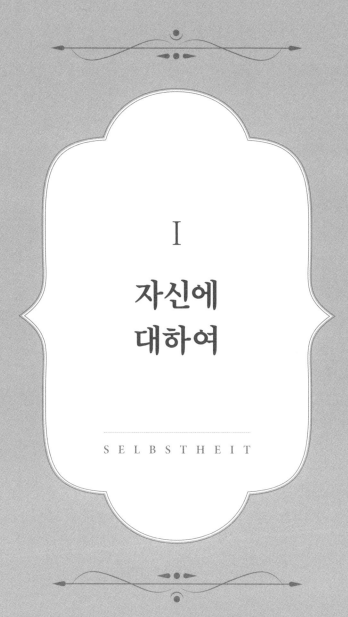

I

자신에
대하여

SELBSTHEIT

001

첫걸음은 자신에 대한 존경심에서

자신을 대단치 않은 인간이라 폄하해서는 안 된다.

그 같은 생각은 자신의 행동과 사고를 옭아매려 들기 때문이다.

오히려 맨 먼저 자신을 존경하는 것부터 시작하라.

아직 아무것도 하지 않은 자신을,

아직 아무런 실적도 이루지 못한 자신을

인간으로서 존경하는 것이다.

자신을 존경하면 악한 일은 결코 행하지 않는다.

인간으로서 손가락질당할 행동 따윈 하지 않게 된다.

그렇게 자신의 삶을 변화시키고 이상에 차츰 다가가다 보면,

어느 사이엔가 타인의 본보기가 되는 인간으로 완성되어 간다.

그리고 그것은 자신의 가능성을 활짝 열어

꿈을 이루는 데 필요한 능력이 된다.

자신의 인생을 완성시키기 위하여

가장 먼저 스스로를 존경하라.

● 힘에의 의지

하루의 끝에 반성하지 마라

일을 끝내고 차분하게 반성한다.

하루를 마치고 그 하루를 돌아보며 반성하다 보면

자기 자신과 타인의 잘못을 깨닫고 결국에는 우울해지고 만다.

자신의 한심함에 분노를 느끼고 타인에 대한 원망이 생기기도 한다.

그것은 대개 불쾌하고 어두운 결과로 치닫는다.

이렇게 되는 까닭은 당신이 지쳐 있기 때문이다.

피로에 젖어 지쳐 있을 때 냉정히 반성하기란 결코 불가능하기에

그 반성은 필연적으로 우울이라는 덫에 걸려들 수밖에 없다.

지쳤을 때는 반성하는 것도, 되돌아보는 것도,

일기를 쓰는 것도 하지 말아야 한다.

활기차게 활동하거나 무엇인가에 흠뻑 빠져 힘을 쏟을 때,

즐기고 있을 때는 어느 누구도 반성하거나 되돌아보지 않는다.

그렇기에 스스로가 한심하게 여겨지고

사람에 대한 증오심이 느껴질 때는

자신이 지쳐 있다는 신호라 여기고 그저 충분한 휴식을 취하라.

그것이 스스로를 위한 최선의 배려다.

● 아침놀

003

자신에 대한 평판 따위는 신경 쓰지 마라

누구든 자신에 대한 타인의 생각을 알고 싶어한다.

자신을 좋게 떠올려 주기를 바라고,

조금은 훌륭하다 생각해 주기를 바라고,

중요한 인간의 부류에 포함되기를 바란다.

그러나 자신에 대한 평판에만 지나치게 신경 써서

남들이 하는 이야기에 귀를 쫑긋 세우는 것은 좋지 않다.

왜냐하면 인간이 항상 옳은 평가를 받는 것은 아니기 때문이다.

오히려 자신이 원하는 평가를 받는 것보다

그와 완전히 상반된 평가를 받는 것이 일반적이다.

현실이 이러함에도, 평판이나 평가 따위에 지나치게 몰두해

괜한 분노나 원망을 가지는 것은 어리석은 짓이다.

타인이 어떻게 생각하고 있는가,

그같은 일에 지나치게 연연하지 마라.

그렇지 않으면 실은 미움을 사고 있음에도 불구하고

부장이다, 사장이다, 선생이다라고 불리는 것에

일종의 쾌감과 안심을 맛보는 인간으로 전락하게 될지 모른다.

● 인간적인 너무나 인간적인

004

스스로를 아는 것부터 시작하라

자신에 대하여 얼버무리거나

스스로에게 거짓말하며 살지 말라.

자신에 대해서는 늘 성실하며

자신이 대체 어떤 인간인지, 어떤 마음의 습성을 가지고 있는지,

어떤 사고방식과 반응을 보이는지 잘 알고 있어야 한다.

자신을 잘 알지 못하면

사랑을 사랑으로서 느낄 수 없기 때문이다.

사랑하기 위해, 사랑받기 위해

먼저 스스로를 아는 것부터 시작하라.

● 아침놀

자신을 발견하고자 하는 이에게

자신이 어떤 사람인지 이해하길 원하는 사람은
다음과 같은 질문을 자신을 향해 던지고
성실하고 확고하게 대답하라.
지금까지 자신이 진실로 사랑한 것은 무엇이었는가?
자신의 영혼이 더 높은 차원을 향하도록
이끌어 준 것은 무엇이었는가?
무엇이 자신의 마음을 가득 채우고 기쁨을 안겨 주었는가?
지금까지 자신은 어떠한 것에 몰입하였는가?
이들 질문에 대답하였을 때 자신의 본질이 뚜렷해질 것이다.
그것이 바로 당신이다.

● 쇼펜하우어

006

자신의 '왜?'에 대한 답을 찾지 못하면 길은 보이지 않는다

수많은 방법론을 담은 책을 읽어도,

유명한 경영자나 억만장자의 성공 노하우를 배워도

자신에게 맞는 방식과 방법을 찾는다는 보장은 없다.

이는 당연하다. 먹는 약 하나도 체질에 따라 맞지 않는 경우가 있는데,

하물며 타인의 삶의 방식이 자신에게 맞지 않는 것은

전혀 이상할 것이 없다.

문제는 자신의 '왜?'에 대해 전혀 자각하지 못하는 데 있다.

자신이 왜 그것을 하고 싶은지, 왜 그것을 원하는지,

왜 그렇게 되고 싶은지, 왜 그 길을 가고자 하는지…….

그 같은 물음에 깊이 사고하지 않고, 명백히 파악하지 못한 데 있다.

자신의 '왜?'라는 의문에 명백한 대답을 제시할 수 있다면

이후의 모든 것은 매우 간단해진다.

어떻게 해야 하는지에 대해서도 곧 알 수 있다.

구태여 타인을 흉내 내면서 허송세월하지 않아도 된다.

이미 자신의 길이 눈앞에 명료히 보이기에

이제 남은 일은 그 길을 걸어가는 것뿐이다.

● 우상의 황혼

007

누구에게나 한 가지 능력은 있다

누구든지 한 가지의 능력은 가지고 있다.
그 하나의 능력은 오직 그만의 것이다.
그것을 일찌감치 깨닫고 충분히 살려 성공하는 사람도 있고,
자신의 한 가지 능력, 즉 자신의 본성이 무엇인지
모른 채 살아가는 사람도 있다.
자신의 힘만으로 그 능력을 찾아내는 사람도 있고,
세상의 반응을 살피며 자신의 본성이 무엇인지를
끊임없이 모색하는 사람도 있다.
틀림없는 사실은 어떠한 경우라도 주눅 들지 않고
씩씩하고 과감하게 그리고 꾸준히 도전해 나가면
언젠가는 자신만이 가진 한 가지 능력을
반드시 깨닫게 된다는 것이다.

● 인간적인 너무나 인간적인

자신의 주인이 되어라

착각해서는 안 된다.

자제심이라는 단어를 머리로 이해했다고 하여

어떤 일이든 자제할 수 있는 것은 아니다.

자제는 자신이 현실에서 행해야 하는 바로 그것이다.

하루에 한 가지, 아무리 작은 일이라도 자제를 각오하라.

최소한 그 정도의 일을 수월히 해낼 수 없다면

자제심이 있다고 말할 수 없다.

또한 작은 일에 자제심을 발휘할 수 없다면,

큰일에서도 자제심을 기대할 수 없고 성공에도 이를 수 없다.

자제할 수 있다는 것은 자신을 컨트롤할 수 있다는 것이다.

자신의 가슴속에 깃든 욕망을 스스로 제어한다는 것이다.

욕망이 이끄는 대로 끌려가지 않고

자신의 행동을 확고히 지배하는 주인이 되는 것이다.

● 방랑자와 그의 그림자

009

자신을 멀리서 바라보라

많은 사람들이 자신에게는 너그러우면서도

타인에게는 엄격한 잣대를 들이댄다.

어째서 이 같은 일이 일어나는가?

자기 자신을 볼 때는 너무 가까운 거리에서 바라보는 반면,

타인을 볼 때는 너무 먼 거리에서

윤곽만을 어렴풋이 보기 때문이다.

이 거리를 반대로 두고 차분히 타인을 관찰하면

타인은 그만큼 비난받아 마땅한 존재가 아니며,

자신은 생각만큼 너그럽게 허용할 만한 존재가 아니라는

사실을 깨닫게 된다.

● 혼합된 의견과 잠언들

해석의 딜레마

모든 일은 어떻게든 해석이 가능하다.

좋은 일, 나쁜 일이 처음부터 정해져 있는 것은 아니다.

좋다, 나쁘다, 도움이 된다, 해가 된다, 훌륭하다, 추악하다…….

그 어떤 것이라도 해석하는 이는 결국 자기 자신이다.

그러나 어떤 식으로든 해석을 하는 순간부터는

그 해석 속에 자신을 밀어 넣는다는 사실을 알아야 한다.

결국 해석에 사로잡히고

그 해석이 나올 수 있는 시점에서만 사물을 보게 된다.

요컨대 해석 또는 해석에 기인한 가치 판단이

자신을 옴짝달싹 못하도록 옭아매는 것이다.

그러나 해석하지 않고서는 상황을 정리할 수 없다.

여기에 인생을 해석한다는 것의 딜레마가 있다

● 농담, 음모 그리고 복수

/   /

011

친구를 바라기 전에 자신을 사랑하라

가능한 한 많은 친구를 원하고, 만나는 이마다 모두 친구라 생각하고,

늘 누군가와 함께 있지 않으면 마음이 차분해지지 않는 것은

당신이 위태로운 상태에 있다는 증거다.

진정한 자신을 찾기 위해서 누군가를 바라고

자신을 상대해 줄 친구를 절실히 바란다.

막연한 안도감을 찾아 누군가에게 의지한다.

왜 그런 것일까. 고독하기 때문이다.

왜 고독한 것일까. 자신을 제대로 사랑하지 못하기 때문이다.

순간적인 친구를 아무리 많이, 그리고 폭넓게 가졌다고 해도

고독의 상처는 치유되지 않고 자신을 사랑할 수도 없다.

그것은 단지 눈 가리고 아웅 하는 꼴에 지나지 않는다.

자신을 진정으로 사랑하기 위해서는

먼저 자신의 힘만으로 무엇인가에 온 노력을 쏟아야 한다.

자신의 다리로 높은 곳을 향해 걷지 않으면 안 된다.

그것에는 분명 고통이 따른다.

그러나 그것은 마음의 근육을 단련시키는 고통이다.

● 차라투스트라는 이렇게 말했다

012

주목받고 싶기에 주목받지 못한다

자기현시욕. 말하자면 자신만을 내세우는,

자신만이 특별히 주목받고자 하는 욕망이다.

모임에 참석하면 이것이 또렷이 보인다.

어떤 이는 이야기나 풍부한 화젯거리로,

어떤 이는 기발한 의상으로, 또 어떤 이는 넓은 인맥으로,

또 다른 이는 자신의 고립으로 각자 자신만이 주목받길 꾀한다.

그러나 그들의 계산은 착각이다.

자신만이 주목받을 주인공이요, 타인은 관객이라 여기기 때문이다.

각자가 그런 생각을 하고 있으니 관객 없는 연극이 되어 버리고

결국에는 그 누구도 주목받지 못한다.

때때로 인생에도 이 같은 일이 일어난다.

어떤 사람은 권력으로, 어떤 사람은 학력으로,

어떤 사람은 동정을 이끌어 내기 위해 애처롭게 행동하며

각자 주목받으려 한다. 그러나 그 목적은 이룰 수 없다.

모든 이가 '나' 외의 타인은 자신의 관객이라 생각하므로.

● 인간적인 너무나 인간적인

013

망가진 곳에서 새로운 자신을 보다

능력 있는 사람이 자신의 재능만을 믿고
오로지 그것에만 기댄다면
딱 그만큼의 수준에 머무를 수밖에 없다.
결코 그 이상의 능력을 끌어올릴 수는 없는 것이다.
그러나 그가 자기 안에 숨겨진 미숙함과 결함, 불완전함,
일종의 무책임함 등을 자각하고 직시한다면
그 망가진 곳을 통해 새로운 자신을 보게 될 것이다.
그리고 그것에 다가가기 위한 자기 변혁을 시작하게 된다.

● 인간적인 너무나 인간적인

탈피를 거듭하라

차라리 죽음을 택하고 싶을 만큼
번민하고 고뇌하며 고난을 뛰어넘은 자는
과거의 자신으로부터 완전히 탈피한다.
새로운 빛과 어둠을 체험함으로써 전혀 다른 자신으로 변모한다.
그런 후에는 주변 사람들이 오래된 유령처럼 보이는 법이다.
지인들의 목소리는 전혀 현실감이 없으며
마치 희미한 그림자의 목소리처럼 들린다.
심지어 시야가 극히 좁은,
풋내 나는 미숙한 영혼으로 느껴지기도 한다.
말하자면 자기 극복을 치열하게 거듭하는 자일수록
더 많이, 더 격렬히 성장하고 변화한다.

● 인간적인 너무나 인간적인

015

꿈의 실현에 책임져라

당신은 어떠한 일에 책임을 지려 하는가.
무엇보다 자신의 꿈의 실현에 책임을 지는 것이 어떠한가.
꿈에 책임질 수 없을 만큼 당신은 유약한가?
아니면 용기가 부족한 것인가?
당신의 꿈 이상으로 당신 자신인 것도 없다.
꿈의 실현이야말로
당신이 가진 온 힘으로 이뤄 내야 하는 것이다.

● 아침놀

자신을 위한 정원사

나무와 울타리를 손질하는 정원사를 보라.

나뭇잎을 솎아 햇빛이 고루 닿을 수 있도록 손질한다.

웃자란 새잎을 깔끔하게 잘라내고 원하는 모양대로 다듬는다.

이렇게 정성 들여 손질한 나무는 건강하고 훌륭하게 자라나

꽃을 피우고 풍성한 열매를 맺는다.

우리 또한 스스로의 정원사가 될 수 있다.

자기 안에 끓어오르는 충동을 아무런 제약 없이 처리할 수 있다.

섬광 같은 분노, 넘쳐흐르는 감정, 비열한 생각, 허영심을

날카로운 가위로 잘라낼 수 있다.

그 누구에게도 방해받지 않은 채

온전히 자유롭게.

● 아침놀

017

자신을 소홀히 여기지 마라

무엇을 하든 전심과 전력을 다해야 한다.

이는 수긍할 만한 좋은 결과를 내기 위함이 아니라

나 자신을 소홀히 대하지 않기 위함이다.

전력을 쏟지 않고 얕은꾀를 부리는 것,

적당한 선에서 물러나 방관하는 것은

결국 스스로를 바보 취급하는 것과 다름없다.

그렇게 되면 자신이 하는 일에 가치도, 의미도 부여할 수 없게 된다.

자신을 서서히 죽이는 것과 같다.

● 우상의 황혼

획일적 사고와 태도의 늪에서
단호히 탈출하라

개인의 사고방식 혹은 감정을 느끼는 방식을 두고

사람들은 마치 식사예법과 같은 법도나 기준이 있는 양 주장한다.

그러나 일이나 사건을 대함에 있어

정해진 감정을 품거나 사고해야 할 이유는 없으며

주위 사람들에게 맞출 필요도 없다.

세상 사람들이 이러이러한 일은 이렇게 생각하고

저렇게 행동해야 한다는 공식을 수없이 늘어놓지만,

그들 역시 누군가에게 빌린 매뉴얼을 그대로 이행하고 있을 뿐이다.

스스로 사고하고 스스로 느끼지 않는다.

획일화된 사고방식과 견해, 태도 아래

자기 자신을 고스란히 잊고 살아간다.

● 인간적인 너무나 인간적인

019

내 안의 야생을 풀어놓자

의기소침해 있는가? 지쳤는가?

그렇다면 잠시 멈춰 보자.

머릿속을 비우려고 애써 보자.

그런 후에 몸을 움직여 보자.

본능에 충실한 동물처럼 마음껏 움직인다.

살갗으로 만지고, 바람과 물을 몸으로 느끼고,

근육이 달아오를 때까지 걷고, 마음껏 소리치고, 햇볕을 쬐고,

밤의 냉기를 맛보고, 풀꽃의 향기를 맡고,

먹고 마시고 기분 좋게 눈꺼풀을 닫아 보자.

지금 당신은 이제껏 가둬 두었던 당신 안의 야생을 들판에 풀어놓았다.

이제 그것은 분명 당신을 회복시키고

새로운 에너지를 불어넣을 것이다.

● 우상의 황혼

아직 더 멀리 갈 수 있다

우리가 가진 능력 전부를 우리는 알지 못한다.

우리는 이상을 품고 그것을 향해 가고 있으나,

그 이상이 있는 곳 또한 우리의 한계지점은 아니다.

우리의 능력은 상상 이상으로 크며,

우리는 아직 멀리 갈 수 있다.

이상을 넘어, 더 큰 동경의 대지보다도 멀리 도달할 힘이

우리 안에 숨어 있다.

● 생성의 무구

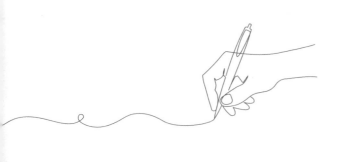

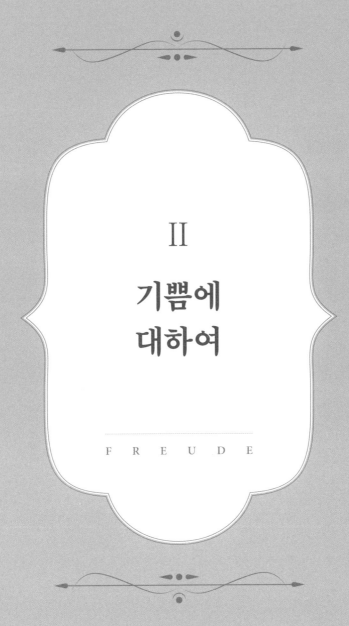

II

기쁨에
대하여

FREUDE

021

여전히 기쁨은 부족하다

더 기뻐하라.

사소한 일이라도 한껏 기뻐하라.

기뻐하면 기분이 좋아질 뿐 아니라 몸의 면역력도 강화된다.

부끄러워하지 말고, 참지 말고, 삼가지 말고 마음껏 기뻐하라.

웃어라. 싱글벙글 웃어라.

마음이 이끄는 대로 어린아이처럼 기뻐하라.

기뻐하면 온갖 잡념을 잊을 수 있다.

타인에 대한 혐오와 증오도 옅어진다.

주위 사람들도 덩달아 즐거워할 만큼 기뻐하라.

기뻐하라. 이 인생을 기뻐하라.

즐겁게 살아가라.

● 차라투스트라는 이렇게 말했다

하루를 시작하며 생각해야 할 것

오늘 하루를 기분 좋게 시작하고 싶다면
잠에서 깨었을 때 오늘 하루 동안 적어도 한 사람에게,
적어도 하나의 기쁨을 선사할 수 있는지에 대하여 생각하라.
그 기쁨이 아주 사소한 것이라도 상관없다.
그리고 어떻게든 그 바람이 실현되도록 노력하며 하루를 보내라.
많은 사람들이 이 습관을 가진다면
자신만 이익을 얻으려고 하는 소망보다
훨씬 빠르게 세상을 바꿔 나갈 수 있을 것이다.

● 인간적인 너무나 인간적인

023

모든 이들이 기뻐할 수 있는 기쁨을

우리의 기쁨은 다른 이들에게 힘이 되는가.
우리의 기쁨이 타인의 원망과 슬픔을 한층 배가시키거나
모욕을 안겨 주고 있지는 않는가.
우리는 정말 기뻐해야 할 것을 기뻐하고 있는가.
타인의 불행과 재앙을 기뻐하고 있지는 않은가.
복수심과 경멸, 차별의 마음을
만족시키는 기쁨은 아닌가.

● 힘에의 의지

함께 살아간다는 것

함께 침묵하는 것은 멋진 일이다.
더 멋진 일은 함께 웃는 것이다.
두 사람 이상이 함께 동일한 체험을 하고
함께 감동하고, 울고 웃으며
같은 시간을 함께 살아간다는 것은
너무도 멋진 일이다.

● 인간적인 너무나 인간적인

마음에는 언제나 기쁨을

지혜로워라.

기쁨을 품어라.

가능하다면 현명함도 더하라.

그리고 마음에는 언제나 기쁨을 간직하도록 하라.

이것이야말로 인생에서 가장 소중한 것이기 때문이다.

● 방랑자와 그의 그림자

이 순간을 즐겨라

즐겁지 않은 것은 바람직하지 않다.

힘겨운 일에서 일단 고개를 돌려서라도

지금을 제대로 즐겨야 한다.

가정 내에 즐겁지 않은 사람이 단 한 사람만 있어도

모든 이가 우울해지고

가정은 묵직한 어둠이 드리워진 불쾌한 곳이 되어 버린다.

그룹이나 조직도 마찬가지다.

가능한 한 행복하게 살아라. 그러기 위해서 현재를 즐겨라.

마음껏 웃고, 이 순간을 온몸으로 즐겨라.

● 즐거운 학문

027

호의는 작은 꽃

사람과 사람이 부대껴 살아가는 일상에서 필요한 것은 호의다.
친근한 눈빛, 악수 같은 친밀한 접촉,
마음을 나누는 교제, 배려가 깃든 말투나 화제.
그것들은 분명 기분을 좋게 만들고 크고 작은 문제를 포용하며
신뢰관계와 친밀함, 인간적인 안도감을 형성한다.
일상의 곳곳, 순간순간에 자리한 호의는
사소하고 평범하며 눈에 띄지 않지만
분명 생활과 문화의 확고한 초석이 된다.
호의, 그것은 매일같이 피는 작고 파란 꽃과 같다.

● 인간적인 너무나 인간적인

경쾌한 마음을 가져라

창조적인 일을 할 때는 물론 일상적인 일을 할 때도

경쾌한 마음으로 임하면 순조롭게 잘 진행된다.

그것은 거침없이 비상하는 마음,

사소한 제한 따윈 염두에 두지 않는

자유로운 마음이기에 그렇다.

천생 타고난 이 마음을 위축시키지 않고 지켜 나감이 좋다.

그것으로 여러 가지 일을 거뜬히 이룰 수 있는 사람이 될 수 있다.

그러나 본인 스스로 경쾌한 마음을 가지고 있지 않다고 느낀다면

되도록 많은 지식과 만나고 많은 예술과 접하라.

그러면 그 마음에 서서히 경쾌함이 채워질 것이다.

● 인간적인 너무나 인간적인

029

슬픔을 잊게 하는 것

"시간이 슬픔을 잊게 한다."라고 흔히들 말한다.
그러나 모두가 알고 있듯이
실제로 시간이 우리를 위해 무언가를 하지는 않는다.
그럼 무엇이 슬픔을 잊게 하는 것일까.
그것은 생활 속에 녹아 있는
개개인의 작은 즐거움, 기쁨, 소소한 만족이다.
그것들이 켜켜이 쌓이면
슬픔과 고통은 어느새 옅어지고
이윽고 멀리 자취를 감춘다.

● 생성의 무구

III

삶에
대하여

LEBEN

시작하기에 시작된다

모든 것의 시작은 위험하다.

그러나 무엇을 막론하고

시작하지 않으면 아무것도 시작되지 않는다.

● 인간적인 너무나 인간적인

자신이라는 인간을 체험하는 것,
그것이 인생이다

인생은 방랑과 같다.

살아가는 것은 방랑하는 것이다.

평원을 지나 험준한 산줄기를 수없이 넘어야 한다.

칠흑 같은 어둠을 거치고, 계곡물에 발을 적시고,

차가운 별빛 아래를 걸어야 한다.

그러는 동안 우리는 수많은 사건을 마주할 것이며

많은 것을 체험할 것이다.

그러나 결국, 언제나 자기 자신을 체험하는 것뿐이다.

자신이라는 인간을 체험하는 것,

그것이 인생이다.

● 차라투스트라는 이렇게 말했다

조금의 억울함도 없는 삶을

지금 이 인생을,
다시 한 번 완전히 똑같이 살아도 좋다는 마음으로 살라.

● 차라투스트라는 이렇게 말했다

높아지기 위해 버려라

인생은 그리 길지 않다.

어스름해질 무렵 죽음이 찾아와도 전혀 이상할 것이 없다.

그렇기에 우리가 무엇인가를 시작할 기회는

늘 지금 이 순간 밖에 없다.

그리고 이 한정된 시간 속에서 무언가를 하는 이상,

불필요한 것들을 벗어나 말끔히 털어 버리지 않으면 안 된다.

다만 무엇을 버릴 것인가에 대하여 고민할 필요는 없다.

마치 노랗게 변한 잎이 나무에서 떨어져 사라지듯이,

당신이 열심히 행동하는 동안 불필요한 것은

저절로 멀어지기 때문이다.

그렇게 우리의 몸은 더욱 가벼워지고

목표한 높은 곳으로 한 걸음 더 나아간다.

● 즐거운 학문

034

매일의 역사를 만들라

우리는 역사라는 것을

자신과는 거의 무관한 동떨어진 것으로 생각한다.

혹은 도서관의 낡은 책장 속에 가지런히 꽂힌 오래된 책쯤으로 여긴다.

그러나 우리들 한 사람 한 사람에게도 역사는 분명 존재한다.

그것은 매일의 역사다.

현재인 오늘 하루 자신이 무엇을 어떻게 행동하는가,

그것이 매일의 역사의 한 페이지를 장식한다.

겁먹거나 허둥대지 않고 오늘 하루를 마칠 수 있는가?

태만하게 보낼 것인가 혹은 용맹스럽게 도전할 것인가?

어제보다 좀 더 나은 방법을 생각해 무엇인가를 할 것인가?

그 같은 태도 하나하나가 자신의 매일의 역사를 만든다.

● 즐거운 학문

계획은 실행하면서 다듬어라

계획을 세우는 일은 즐거움과 쾌감을 동반한다.

장기여행의 계획을 짜거나, 마음에 드는 집을 구상하거나,

성공적인 업무 계획을 수립하거나, 인생 전반의 계획을 세우거나.

이 모든 것이 가슴을 두근두근 설레게 만드는

꿈과 희망으로 가득한 작업이다.

그러나 즐거운 계획 세우기만으로 인생을 끝마칠 수는 없다.

살아가는 이상 그 계획을 실행하지 않으면 안 된다.

그렇지 않으면 누군가의 계획을 실행하기 위한

도우미 역할만이 맡겨질 뿐이다.

또한 계획을 실행하는 단계가 되면 갖가지 장애, 차질,

울분, 환멸 등이 모습을 드러낸다.

우리는 그것들을 하나씩 극복해 나가든가

도중에 포기하는 수밖에 없다.

그렇다면 그런 역경에 맞부딪치는 순간순간을 어떻게 극복할 것인가?

어렵게 생각지 말고 상황에 맞춰 계획을 다시 다듬어 나가면 된다.

이것으로 즐겁게 계획을 실현해 나갈 수 있다.

● 혼합된 의견과 잠언들

어떻게 살 것인가

바로 저기에서 무언가가 벌어지고 있다.

당신은 조금 떨어진 곳에 서서 방관할 것인가,

아니면 다가가 직접 처리할 것인가,

그것도 아니면 외면한 채 자리를 피할 것인가.

지금까지 당신은 어떠했는가.

앞으로는 어떻게 할 것인가.

그리고 지금, 어떻게 하고 있는가.

● 우상의 황혼

037

소유의 노예

인생에는 돈도, 쾌적한 주거도,

건강하고 풍성한 식사도 필요하다.

그것들을 손에 넣음으로써 사람은 독립하여 자유롭게 살아갈 수 있다.

그런데 그런 소유가 도를 넘으면

사람은 180도 돌변하여 소유욕의 노예가 되어 버린다.

소유하기 위해서 인생을 소비하고

휴식 시간까지 구속당하며, 조직에 조종당하고

끝내는 국가의 구속까지 받게 된다.

인생이란 것이 끝없이 많이 소유하는 경쟁을 위해서

주어진 시간일 리 없다.

● 혼합된 의견과 잠언들

목표에만 사로잡혀 인생을 잃지 마라

산을 오른다.

짐승처럼, 망설임도 없이.

땀범벅이 되어 오직 정상을 목표로 오를 뿐이다.

오르는 동안 눈부시게 아름다운 풍경이 펼쳐질 테지만

오로지 높은 곳을 향하는 것 외에는 알지 못한다.

그것이 여행이든, 늘 하는 일이든

하나의 것만 탐닉하고 다른 것은 완전히 잊어버린다.

사람은 그 같이 우매한 짓을 때때로 저지른다.

일의 경우 매출 향상만이 오직 단 하나의 목적인 양 착각한다.

그리고 어느새 일하는 의미를 잃고 만다.

이 같은 어리석은 행위는 언제나 반복된다.

마음의 여유를 잃고 이해타산적인 행동만을 중시한 나머지

오로지 그 관점에서 인간적인 것조차 모두 쓸모없는 짓이라 간주한다.

그리고 결국에는 자신의 인생 자체를 잃게 되는 일이

빈번히 자행되고 있다.

● 방랑자와 그의 그림자

039

이전에는 알지 못했던 구원

이미 일어난 일을 두고 "어쩔 수 없는 일이었어."

이리 말하는 것은 포기하는 것이다. 변명하는 것이다.

이런 식으로는 앞으로 일어날 모든 일 또한

당신 곁을 그저 스쳐 지나갈 것이다.

당신은 흘러가는 물을 바라보기만 하는

강가의 돌멩이 신세가 될 것이다.

여기 또 하나의 태도가 있다.

일어난 일을 두고 자신이 바란 것 혹은 자초한 것이라

바꿔 말하고 바꿔 생각한다.

그것만으로도 인생의 모든 순간이 나 자신과 연결되고,

동시에 의미가 생겨나고, 인생 전체가 스스로의 것이 된다.

그것은 이전의 당신이 알지 못했던 구원이다.

● 차라투스트라는 이렇게 말했다

강해지기 위한 악과 독

하늘을 찌를 듯이 높이 자란 나무.

그 나무들이 성장하는 데 거센 바람과 거친 날씨가 없었다면

그 같은 성장이 가능했을까?

벼가 익는 데 호우와 강한 햇살, 태풍과 천둥은

전연 쓸모없는 것이었을까?

인생에는 여러 가지 악과 독이 존재한다.

그것들은 가급적 없는 편이 나으며 그러한 환경 속에서

사람은 건전하고 강하게 성장한다고 말할 수 있을까?

증오, 질투, 아집, 불신, 냉담, 탐욕, 폭력……

혹은 모든 의미에서의 불리한 조건과 장애.

이들은 대개 역겨움과 분노의 씨앗이 되지만

그 모든 것이 전혀 없더라도 강한 인간으로 성장할 수 있을까?

아니다. 그 같은 악과 독이 존재하기에

사람은 극복할 기회와 힘을 얻고

이 세상을 살아갈 수 있을 만큼 강하게 단련된다.

● 즐거운 학문

안이한 인생을 보내고 싶다면

인생을 쉽게, 그리고 안락하게 보내고 싶은가?
그렇다면 무리 짓지 않고서는 한시도 견디지 못하는
사람들 속에 섞여 있으면 된다.
언제나 군중과 함께 있으면서
끝내 자신이라는 존재를 잊고 살아가면 된다.

● 힘에의 의지

이상으로 가는 지름길을 파악하라

어떤 이상을 단지 가지는 것만으로는 부족하다.
우선은, 어떻게 해서든 이상을 향한 지름길을
나름대로 발견하는 것이 중요하다.
그렇지 않으면 자신의 행동과 삶의 방식이
전혀 정해지지 않은 채로 머물게 된다.
이상이라는 것을 멀리 있는 별처럼, 자신과 상관없는 듯
멀거니 바라보며 자신이 걸어야 할 길을 알지 못하는 것은
비참한 결과를 낳는다.
최악의 경우에는 이상을 가지지 못하고 살아가는 사람보다
훨씬 지리멸렬한 삶을 살게 된다.

● 즐거운 학문

언젠가는 죽기에

죽는 것은 이미 정해진 일이기에 명랑하게 살아라.

언젠가는 끝날 것이기에 온 힘을 다해 맞서자.

시간은 한정되어 있기에 기회는 늘 지금이다.

울부짖는 일 따윈 오페라 가수에게나 맡겨라.

● 힘에의 의지

허물을 벗고 살아가라

허물을 벗지 않는 뱀은 결국 죽고 만다.

인간도 완전히 이와 같다.

낡은 사고의 허물 속에 언제까지고 갇혀 있으면,

성장은 고사하고 안쪽부터 썩기 시작해 끝내 죽고 만다.

늘 새롭게 살아가기 위해 우리는

사고의 신진대사를 하지 않으면 안 된다.

● 아침놀

근심하지 않는 나비처럼

나비가 있다.

목숨이 하루도 채 남지 않았다는 사실 따위는

조금도 괘념치 않고,

그 가냘프고 아름다운 날개에 이윽고

차디찬 밤이 찾아들 것을 걱정하지 않고.

꽃과 꽃 사이를 힘차게 날아다니는 나비가 있다.

● 아침놀

높은 곳에 오르기 위해서는

산 정상에 도달하기 위해 고군분투하는 자에게
당부할 것이 있다.
오르는 도중에는 위를 향하고 있다는 생각을 하지 마라.
지금까지 몇 개의 산등성이와 언덕을 올랐는지 세지 마라.
그저 한 발 한 발만을 확실히 내딛어라.
이는 비단 산을 오르는 이에게만 국한되지 않는다.
세상의 높은 곳에 이르고자 하는 모든 이들 또한 마찬가지다.

● 시 '위를 향해'

047

과거를 지나치게 사랑하지 마라

지난날의 좋은 추억을 이따금 그리워하는 것은 괜찮다.

다만 지나치게 빠져들지는 않도록 경계하라.

과거일 뿐인 추억에 붙잡혀 집착하다가는

앞으로 마주할 새로운 가치와 의미는

전혀 알아보지도 못한 채 놓쳐 버릴 수 있기에.

● 생성의 무구

인생의 의미는 그 손에 있다

세상의 의미를 찾아 나선 자, 인생의 의미를 찾아 나선 자,

자신의 의미를 찾아 나선 자들은

사막에서 빈손으로 어찌할 바를 모르고 있을 것이다.

그들이 찾는 의미란 것은 어디에도 놓여 있지 않으며

숨겨져 있지도 않기 때문이다.

애초에 의미란 존재하지도 않았다.

그렇다고 세상이나 인생이 헛된 것은 아니다.

인생의 의미는 스스로 만드는 것이다.

무엇이 어떻다거나 얼마만큼이다 하는 것을 스스로 결정하라.

역동적으로 살아간다면 인생은,

생기를 품은 빛나는 의미로 가득 찰 것이다.

비관에 잠겨 살아간다면 인생은,

한여름 대낮이라도 캄캄한 어둠이 드리워질 것이다.

● 힘에의 의지

049

행위가 운명을 낳는다

운명을 만드는 것은 무형의 기이한 존재가 아니다.

그 행위를 했는가 하지 않았는가,

마지막까지 해냈는가 중도에 포기해 버렸는가,

지켰는가 지키지 않았는가,

받아들였는가 도망쳤는가,

버렸는가 주웠는가와 같은 '행위'가 사건을 만든다.

그리고 그로부터 다음 운명이 복잡하게 얽혀 들어간다.

그렇기에 다음 순간 자신에게 일어나는 모든 일은

스스로가 초래한 운명일 수밖에 없다.

그 순간 어떻게 행동하느냐가 또 다른 운명적 사건을 낳는다.

● 철학자의 서

진정 바라는 것은 고난 끝에 반짝이고 있다

그 마음을 안다. 아플 정도로 잘 안다.

그래도 서둘러서는 안 된다.

수많은 이가 우러러보는 큰 인물이 되고 싶을지라도,

진리를 탐구하는 학자가 되고 싶을지라도,

아름다움을 추구하는 예술가가 되고 싶을지라도,

혹은 당장에라도 그리될 듯할지라도 지금은 서두르지 말아야 한다.

이내 손에 닿을 듯한 그것이 아무리 훌륭하고 위대해 보여도,

자신의 목적 그 자체로 보일지라도

손쉽게 얻는 것은 온전한 의미를 지닐 수 없다.

그대는 우선 자기 자신을 살라.

오직 그대만의 삶을 살아야만 진짜가 될 수 있다.

그것에는 고통, 고뇌, 궁핍, 실의, 노력, 극복이 반드시 필요하다.

괴로움을 피하고 싶은 마음은 잘 안다.

그러나 그대가 진정 바라는 것은 그 고난 끝에 반짝이고 있을 것이다.

● 인간적인 너무나 인간적인

IV

마음에
대하여

GEISTIGKEIT

마음에 빛을 품어야
희망의 빛 또한 알아볼 수 있다

여기에 희망이 있다고 해도
자신 안의 빛과 작열함을 경험하지 못했다면
그것이 희망이라는 것을 깨닫지 못한다.
희망의 그 어떤 것도
볼 수도, 들을 수도 없다.

● 즐거운 학문

마음의 습관을 바꿔라

매일 사소한 습관의 반복이 만성적인 병을 만든다.
그와 마찬가지로 마음의 습관적인 반복이
영혼을 병들게도, 또 건강하게도 만든다.
하루에 열 번 주위 사람들에게 냉담한 말을 퍼부었다면
오늘부터는 하루에 열 번 주위 사람들에게
기쁨을 안겨 주는 말을 건네 보라.
그러면 자신의 영혼이 치유될 뿐 아니라
주위 사람들의 마음도, 상황도 한결 나아질 것이다.

● 아침놀

053

두려워하면 패배한다

'더 이상 나아갈 길이 없다'고 생각하면
개척으로 향한 길이 존재해도 느닷없이 시야에서 사라진다.
'위험하다'고 생각하면 안전한 곳은 사라진다.
'이것으로 끝'이라 믿으면 종말의 입구로 발을 내딛게 된다.
'어떻게 할까'라고 생각하면
불현듯 최선의 대처법을 찾을 수 없게 된다.
결론은 두려워하면 패배한다는 것이다. 파멸하고 만다.
상대가 너무 강해서, 지금까지 없던 곤경에 처해서,
상황이 너무 나빠서, 역전할 수 있는 조건이 갖춰져 있지 않아서
패배하는 것이 아니다.
마음속에 두려움을 가지고 겁먹고 있을 때
스스로 파멸과 패배의 길을 선택하게 된다.

● 농담, 음모 그리고 복수

싫증을 느끼는 이유는
자신의 성장이 멈췄기 때문이다

좀처럼 간단히 손에 넣을 수 없는 것일수록

간절히 원하는 법이다.

그러나 일단 자신의 것이 되고 얼마간의 시간이 흐르면

쓸데없는 것인 양 느껴지기 시작한다.

그것이 사물이든 인간이든 마찬가지다.

이미 손에 넣어 익숙해졌기에 싫증이 난다.

그러나 그것은 자기 자신에게 싫증 나 있는 것이다.

손에 넣은 것이 자기 안에서 변하지 않기에 질린다.

즉, 대상에 대한 자신의 마음이 변하지 않기 때문에 흥미를 잃는다.

결국 계속해서 성장하지 않는 사람일수록 쉽게 싫증을 느낀다.

오히려 인간으로서 끊임없이 성장하는 사람은

계속적으로 변화하기에

똑같은 사물을 가지고 있어도 조금도 싫증을 느끼지 않는다.

● 즐거운 학문

055

피곤할 때에는 사고를 멈춰라

평소처럼 의연할 수 없다면 그것은 지쳐 있다는 증거다.

지쳤을 때 우리는 한숨짓고, 후회하고, 불평을 늘어놓고,

뱅글뱅글 비슷한 것들만을 생각한다.

그러는 가운데 우울한 것과 어두운 것이

멋대로 머릿속을 휘젓고 다닌다.

그것은 독을 마신 것과 진배없기에

피곤하다고 느낀다면 사고를 멈추고 휴식을 취하거나

잠을 자는 것이 최선이다.

그리고 다시 의연히 활동할 수 있도록 내일을 향해 준비하라.

● 즐거운 학문

정신의 자유를 위해서는

진정으로 자유롭고 싶다면
자신의 감정이 제멋대로 날뛰지 않도록 어떻게든
구속할 필요가 있다.
감정을 제멋대로 풀어놓는다면
그때마다 감정이 자신을 휘두르고
혹은 감정이 이끄는 한 방향으로만 몸과 마음이 향해
결국에는 자신을 자유롭지 못하게 만들기 때문이다.
정신적으로 자유롭고 본인의 의지대로 생각할 수 있는 사람은
이 같은 사실을 모두 잘 알고 실천하고 있다.

● 선악의 저편

057

호기심에 휘둘리지 마라

주변이나 세상에서 일어나는 수많은 일마다 고개를 들이밀면
결국에는 공허해질 뿐이다.
역으로, 자신의 공허함을 어떻게든 채우기 위해
닥치는 대로 수많은 일에 간섭하는 사람도 있다.
호기심은 능력을 꽃 피우는 데 중요한 역할을 하지만
우리의 인생은 세상의 모든 일들을 보고 들을 수 있을 만큼
오래도록 이어지지 않는다.
젊은 시절, 자신이 관계할 방향을 착실히 파악하고
그에 전념하면 훨씬 현명하고 충실하게
자신의 인생을 살아갈 수 있다.

● 방랑자와 그의 그림자

네 가지 덕을 지녀라

자신과 친구에 대해서는 늘 성실하라.
적에 대해서는 용기를 가져라.
패자에 대해서는 관용을 베풀어라.
그 밖의 모든 경우에 대해서는 언제나 예의를 지켜라.

● 아침놀

어떤 마음으로 살아가야 할지
알 수 없을 때

불안함을 느낀다.

어떤 각오, 어떤 마음, 어떤 모습으로 살아가야 할지

눈앞이 캄캄하다.

만약 지금 당신이 이와 같다면

지금껏 당신이 진심으로 신뢰를 보내 온 사람을

생생히 떠올려 보라.

그들이야말로 당신 안의 고매함이며

그들이 보여 주는 인간으로서의 자세야말로

당신이 가까이 다가가야 할 모습이기 때문이다.

● 생성의 무구

060

부정을 저지르지 않아야 하는 이유

잘못된 행동이나 부정을 저지르지 않아야 하는 이유는
도덕을 위해서가 아니다.
누군가로부터 야단맞거나 칭찬받거나
혹은 나중에 있을 앙갚음이 두려워서도 아니다.
신앙의 이유도 아니다.
부정을 저지르지 않아야 하는 이유는
마음의 평안과 행복에 상처를 내지 않기 위함이다.
이미 누구나 느끼고 있다.
자신이 저지른 사소한 부정, 단 한 번의 거짓말로
마음속에 그늘이 생긴다는 것을.
잔잔한 마음의 바다에 풍랑이 일고
청명한 공기와 밝은 햇빛을 방해한다는 것을.

● 인간적인 너무나 인간적인

기분을 끌어올린 후 일을 하라

사소한 것이라도 좋다.

어떤 계기든 하나라도 부여잡아 자신을 행복하게 만들어라.

최대한 기분 좋게 있어라.

기분을 높이 끌어올려라.

그 후에 정말 하고 싶은 것을 하라.

● 생성의 무구

피로의 위험성

피로는 우리를 약하게 만들고 때로는 심각한 위협을 가한다.

피곤한 상태에서는 평소 사소하게 치부했던 것도

유난히 큰 문제로 다가온다.

피곤이 극에 달하면

이미 충분히 극복한 사안조차 우리를 무너뜨린다.

피로가 우리의 감정과 판단력을 현저히 떨어뜨리기 때문이다.

이럴 때는 무언가를 무리하게 시도하기보다는

본래의 자신을 회복하기까지 안전한 공간에서

느긋이 휴식을 취하는 것이 최선의 방책이다.

● 생성의 무구

063

느끼는 방식은 변화한다

캄캄한 어둠 속에서의 시간과, 빛이 있는 공간에서의 시간은
전혀 다른 방식으로 흘러감을 경험해 보았을 것이다.
이처럼 빛의 유무조차
우리의 감수성을 크게 바꿔 놓는다.
무언가를 받아들이는 우리의 감각, 의식, 느낌은
주위의 갖가지 상황과 요소에 따라 얼마든지 변화한다.

● 생성의 무구

생활 여건이 가치관을 바꾼다

어떠한 가치를 중요하게 여기는가는
도덕이나 사상이 아닌, 일상적인 생활 여건에 따라서 결정된다.
그래서 생활이 달라지면 사람의 가치관도 변화할 수밖에 없다.
즉 가치관이라는 것은 많은 이들이 막연하게 믿고 있듯이
확고한 것, 고정된 것이 아니며
얼마든지 변할 수 있는 위태로운 것이다.

● 생성의 무구

무언가를 이루려 한다면

언제 범람할지 모르는 급류의 지척에
밭을 일구는 아둔한 사람이 있다.
혹은 언제 폭발할지 모를 분화구 위에
집을 짓는 어리석은 사람이 있다.
자신의 급한 성미, 언젠가 되갚아 줄 것이라는 복수심,
오로지 정욕에만 치우친 욕망을
완전히 극복하지 않고 큰일을 이루려는 자나
프로가 되려는 자도 똑같이 어리석다.

● 인간적인 너무나 인간적인

066

마음은 태도에 드러난다

극단적인 행동, 짐짓 과장된 태도를 취하는
사람에게는 허영심이 있다.
자신을 크게 보이는 것, 자신에게 힘이 있다는 것,
자신이 뭔가 특별한 존재라는 것을 타인에게 각인시키길 원한다.
실제로는 아무것도 없는 텅 빈 내면을 가졌음에도 불구하고.
사소한 것에 사로잡히는 사람은 배려심이 있는 듯
혹은 무슨 일에든 섬세한 듯 보이지만
내실은 공포심을 끌어안고 있는 것이다.
실패하지는 않을까 두려운 것이다.
혹은 무슨 일이든 자신 이외의 사람이 관계하면
순조롭게 진행되지 못할 것이란 생각을 가지고 있어
내심 타인을 얕잡아 보는 까닭이기도 하다.

● 인간적인 너무나 인간적인

사람은 누구를 증오하는가

사람은 누군가가 마음에 들지 않는다는 이유만으로
무조건 증오하지는 않는다.
마음에 들지 않는 사람일지라도
그에게 값을 매겨 본 후 별것 아닌 인간이라 여겨지면
작은 혐오감조차 가지지 않는다.
너무나 큰 상대, 빈약한 상대,
본래부터 경멸을 느끼는 상대도 마찬가지다.
증오가 싹트는 상대는 오로지 자신과 생활 범위나
생활 수준이 비슷한 사람, 자신과 공통분모가 많은 사람,
저보다 조금 더 위에 있다고 무의식중에 판단하는 사람이다.

● 선악의 저편

068

타인의 불행을 기뻐하는 심리

타인의 불행을 기뻐하는 자들은

일이 의지대로 되지 않는 것에 대한 불만,

무력하다는 고통, 충실감이 결여된 데 대한 비관 등

갖가지 불평과 울분을 마음속에 감추고 있다.

그들은 타인의 불행을 보면서

평소 가지고 있던 시샘과 질투를 누그러뜨린다.

타인의 온갖 불행과 실패를 빠짐없이 기억해 두고

그 사람보다는 더 나은 상황이기에

자신이 더 행복하다고 위안 삼는다.

늘 아래만 바라보며 누군가의 불운이나 불행, 약점을 찾는다.

그렇기에 그들의 기쁨과 슬픔은 비뚤어져 있다.

전적으로 타인과의 비교를 통해 내려진 판단이기에.

● 인간적인 너무나 인간적인

내 안의 풍요를 깨달아라

안타깝게도 너무나 많은 사람이

넘치도록 풍요로운 자신을 깨닫지 못한 채 살아간다.

우리는 무엇이든 될 수 있다.

무엇이든 할 수 있다.

허무맹랑한 말이 아니라 완벽히 그 말 그대로 현실에서.

"불가능해. 이 상황에서는 될 리가 없어."라고 말하는 것은

아직 게으른 마음이 남아 있기 때문이다.

무엇에든 전심을 다하지 못하기 때문이다.

그러나 의지가 있다면 무엇이든 가능하다.

실제 그것을 이룬 사람, 그렇게 된 자는 그것이 진실임을 알고 있다.

자신의 풍요로움을 깨달아라.

그리고 풍요로움이 이끄는 대로 충실히 움직여라.

● 즐거운 학문

070

매력의 비밀

구조가 명확히 드러난 일, 진상이 밝혀진 일,
충분히 이해한 일은 더 이상 사람들의 관심을 끌 수 없다.
이미 해명되었다고 '믿고 있는 일'도 마찬가지다.
사람들의 관심을 언제까지고 붙잡아 두기 위해서는
애매함과 바닥 모를 깊이를 갖춰야 한다.
매혹과 신비성, 애매함은 서로 손을 맞잡고 있으니까.

● 선악의 저편

싸우는 자는 적과 닮아간다

그대가 싸우는 상대는 누구인가.

벅찰 정도로 강한 괴물인가.

그렇다면 사력을 다해 싸워야 할 것이다.

다만 한 가지는 조심하라.

괴물과 싸우는 동안 어느새 그대도 괴물로 변할지 모른다.

그대가 심연을 계속 바라본다면

심연 또한 그대를 뚫어지게 바라볼 테니.

● 선악의 저편

단단하게도 부드럽게도 산다

매순간을 냉정하고 이성적으로 살기 위해 애쓰지 마라.

가슴을 짓누르는 무게, 어깨의 뻐근함이 가중될 뿐이다.

이성적 사고, 계산적이고 합리적인 행동만을 고집한다면

만사가 힘겹고 점점 버티기조차 버거워질 것이다.

고양이처럼 유연하게, 조금쯤은 부드러워져도 좋다.

억눌렸던 기분과 감정을 해방시키고 비이성적 비합리적으로,

마음이 시키는 대로 지내며 기분전환을 하는 것도 좋다.

그것만으로 우리는 본래의 인간성에 영양을 공급받고

삶의 활기를 북돋는 윤활유를 얻는다.

● 생성의 무구

073

언제나 마음속에 맞수를 담아 두어라

언제나 마음속에 맞수를 담아 두어라.

단, 그가 누구인지는 다른 이에게 밝히지 마라.

비밀스러운 경쟁자가 있기에 싸울 힘을 내고 긴장을 유지할 수 있다.

스스로를 끊임없이 단련할 수 있으며

자신의 위치를 정확히 인지할 수 있다.

그런 의미에서 은밀한 경쟁자를 갖는 것은

일종의 사치라고도 말할 수 있다.

● 즐거운 학문

좋고 싫은 이유

누군가를 미워한다고 말하는 이가 있다.

증오에 대한 이유를 낱낱이 밝히며 공감을 호소한다.

그러나 그 자의 말에서 믿을 수 있는 것은 미워한다는 감각뿐이며

미움의 이유는 공감할 수 없다.

그 사람이 나열한 미움의 이유라는 것은

자신이 느끼는 좋고 싫은 감정에 꼬리말을 달 듯

차후에 그럴듯한 논리를 부여한 것뿐이기 때문이다.

미움의 진정한 이유이기보다는

세상 사람들이 흔히 하는 눈가림,

혹은 자기변호와 다름없기 때문이다.

● 아침놀

075

반대하는 사람의 심리

제시받은 어떤 안에 대하여 반대할 때
찬찬히 사고한 뒤에 확고한 근거를 가지고
반대하는 사람은 매우 드물다.
대부분은 그 안이나 의견을 말하는 발표자의 태도,
말투, 성격 또는 분위기에 대한 반발심에서 반대한다.
이 같은 사실을 알고 나면 대다수를 자신의 편으로 만드는 방법이
무엇인지를 자연히 터득하게 된다.
표현하는 방법, 설득하는 방법, 발언에 대한 기술적인 것도
분명 고심할 필요는 있다.
하지만 기술로는 미치지 못하는 것,
결국 의견을 말하는 이의 성격이나 용모, 인품, 생활 태도가
지대한 영향을 미친다.

● 인간적인 너무나 인간적인

위로 아닌 위로

좌절한 이에게 건네는 위로가 모든 경우에 옳다고 할 수는 없다.
사실 위로라는 것은, 쓰러져 가는 이에게
그보다 안전하고 높은 곳에서 건네는 말과 같기 때문이다.
그러므로 평소 자존심 강한 누군가가 비통함에 빠져 있다면
"너에게는 지금 어떠한 말도 위로가 되지 않겠지."라고
말하는 편이 현명하다.
그것만으로 그는 자신에게 내려진 고차원적 고난을
온몸으로 받아들이고 있다는 일종의 선민의식을 느낀다.
동시에 자신을 위로할 자가 세상에 없다는 사실을
자기 존재에 대한 명예의 상징으로 여기고,
다시금 고개를 들어 올릴 힘을 얻는다.

● 아침놀

077

죄의식의 무게는 다른 사람에게 전가된다

과거에 저지른 자신의 악행을 누군가에게 고백한다.

그로써 고백한 장본인은

이제껏 가슴을 짓눌러온 죄의식, 죄책감을 덜고

일종의 해방감, 홀가분함을 느낀다.

과거 자신의 악행을 겨우 잊을 수 있게 된다.

그러나 그 고백을 들은 사람은

영원히 잊을 수 없다.

● 인간적인 너무나 인간적인

행동은 결코 자유롭지 않다

사람은 자유로운 존재임에 틀림없지만,
그 행동의 기저에는 어쩔 수 없는 감정의 사슬이 얽혀 있다.
가령 용감한 행동이나 대담한 행동의 밑바닥에는 허영심이 있다.
평범한 행동의 밑바닥에는 버릇처럼 길든 고정관념이,
사소한 일에의 집착에는 이렇게 하지 않으면 불안하다는
공포심이 도사리고 있다.

● 인간적인 너무나 인간적인

고민의 작은 상자에서 탈출하라

고민하는 사람은 언제나 틀에 박혀 있다.

기존의 사고방식과 감정이 부유하는 비좁은 상자 속에 갇혀 있다.

그곳에서 나올 꿈조차 꾸지 못한다.

고민의 상자는 죄다 낡은 것이 채우고 있다.

낡은 사고방식. 낡은 감정. 낡은 자신.

그곳에 있는 모든 것은 조금도 발전하지 않은 과거에 머무르며

같은 가치, 같은 이름을 가진다.

사실 이를 깨닫는 것만으로도

이미 고민의 상자에서 탈출하는 방법을 아는 것이다.

이름과 가치를 스스로 결정해 보라.

병을 새로운 세계를 향한 다리라 이름 붙이고,

고난과 수고를 인생이 주는 시련이라 이름 붙이고,

방황을 편력이라고 이름 붙이고,

빈곤을 현재를 만족하는 연습이라고 이름 붙이고,

역경을 도약의 기회라고 명명하듯이.

그것만으로 상자는 새로운 가치로 자연스럽게 채워진

전혀 다른 공간이 된다. 그리고 삶은 풍요로움에 더 가까워진다.

● 차라투스트라는 이렇게 말했다

V

친구에
대하여

FREUNDSCHAFT

080

흙발로 들어오는 사람은 사귀지 마라

친해지면 상대의 개인적인 영역에까지
성큼 발을 들여놓아도 된다고 생각하는 류의 인간과는
결코 교제하지 마라.
그런 사람은 가족처럼 사귄다는 것을 빌미로
결국 상대를 자신의 지배 아래, 영향력 아래에 두려고 하기 때문이다.
교우관계에서도 서로를 혼동하지 않는 주의와 배려는 중요하다.
그것이 이루어지지 않으면 친구로 지낼 수 없다.

● 방랑자와 그의 그림자

친구관계가 성립할 때

절친한 사이가 되었을 때

다음의 관계가 유지된다고 말할 수 있다.

상대를 자신보다 더 존중한다.

상대를 사랑한다. 다만 자신을 사랑하는 만큼은 아니다.

상대와의 교제에서는 적어도 친밀함과 온화함으로 다가간다.

그렇지만 옴짝달싹 못하는 과한 친밀함에 빠져들 정도는 아니다.

상대와 자신을 혼동하지 않고, 서로의 다름을 잘 알고 있다.

● 혼합된 의견과 잠언들

082

친구와 이야기하라

친구와 많은 이야기를 나눠라. 여러 가지에 대하여 이야기하라.

그것은 단순한 수다가 아니다.

자신이 이야기한 것은 자신이 믿길 원하는 구체적인 어떤 것이다.

가슴을 열고 허심탄회하게 친구와 이야기를 나눔으로써

자신이 무엇을 어떻게 생각하고 있는지가 명확히 보인다.

또한 누군가를 친구로 삼는다는 것은

자신이 그 친구 안에 존경할 만한 그 무엇,

인간으로서 어떤 동경을 품고 있음을 뜻한다.

그렇기에 친구를 사귀고, 이야기를 나누고,

서로를 존경하는 것은

높은 곳을 향함에 있어 반드시 필요한 일이다.

● 차라투스트라는 이렇게 말했다

둔감함이 필요하다

늘 민감하고 날카로울 필요는 없다.

특히 사람과의 교제에서는

상대의 행위나 사고의 동기를 이미 파악했을지라도

모르는 척 행동하는 일종의 거짓 둔감이 필요하다.

말은 가능한 한 호의적으로 해석해야 하며

상대를 소중한 사람인 양 대하되,

결코 이쪽이 일방적으로 배려하는 것처럼 보이지 않아야 한다.

마치 상대보다 둔한 감각을 가진 듯이.

이것이 사교의 요령이며,

사람에 대한 위로이기도 하다.

● 인간적인 너무나 인간적인

084

동류만이 이해할 수 있다

자신을 칭찬하는 사람들은 자신과 비슷한 사람들이다.
자신 또한 본인과 비슷한 사람들을 칭찬한다.
자신과 같은 부류의 인간이 아니면
제대로 이해할 수 없고 장단점도 알 수 없다.
그리고 자신과 어딘가 닮은 상대를 칭찬함으로써
왠지 자신도 인정받고 있는 듯한 기분에 젖어 들기도 한다.
결국 인간에게는 각각의 수준이라는 것이 있다.
그 수준 속에서 이해와 칭찬이라는 우회적인 형태로
자기 인정이 행해지고 있다.

● 즐거운 학문

우정을 키우는 재능이
좋은 결혼을 부른다

어린아이는 인간관계를 돈벌이나 이해관계,

연애로 시작하지 않는다. 일단은 친구관계에서 시작한다.

즐겁게 놀고, 싸우고, 위로하고, 경쟁하고, 서로에게 제안하고……

여러 가지 일이 두 사람 사이에 우정이라는 것을 형성하고

서로는 서로에게 친구가 된다.

혹여 멀리 떨어져 있게 될지라도 여전히 친구로 남는다.

좋은 친구관계를 쌓아 간다는 것은 매우 중요하다.

우정은 다른 인간관계의 기초가 되기 때문이다.

그리하여 좋은 친구관계는

좋은 결혼으로 이어지는 기초가 되기도 한다.

결혼생활은 남녀의 특별한 인간관계이면서도

그 토대에는 우정을 키우는 재능이 반드시 필요하다.

따라서 좋은 결혼이 될 것인지 말 것인지를

환경이나 상대의 탓으로 돌리는 것은

자신의 책임을 잊은 완전한 착각이라 할 수 있다.

● 인간적인 너무나 인간적인

086

친구에 대한 연민의 깊이

진심으로 신뢰하던 친구가 너무도 부끄러운 일을
저질렀다는 사실을 알게 되면 우리의 마음은 어떨까.
엄청난 좌절과 고통이 엄습할 것이다.
때로는 자신이 저지른 것보다 훨씬 강한 고통과 슬픔으로
아파할 것이다.
왜일까. 아마도 친구에 대한 신뢰와 동정에는
짙은 순수가 내포되어 있어서일 것이다.
이는 조금도 이기적이지 않다.
인간 존재 그 자체에 대한 사랑의 시선이며
그것이 친구의 수치스러운 행동에 감응하는 것이다.
그렇기에 친구에 대한 연민은
일반적인 연민의 감정보다 훨씬 고통스럽다.

● 인간적인 너무나 인간적인

용서의 어려움

적을 용서하는 자는

무척이나 넓고 장쾌한 마음을 지닌 큰사람으로 보인다.

하지만 그런 그도,

친구를 용서하기란 훨씬 어려운 법이다.

● 생성의 무구

친구를 위한 침묵

타인 앞에서는 소중한 친구에 대해 이것저것 설명하거나
너무 많은 이야기를 하지 않는 것이 좋다.
우정은 말로는 도저히 표현할 수 없는 것이기에
그것을 어떻게든 말로 설명하려고 하면
아무래도 본질을 벗어나는 법이다.
그러다 보면 자신의 입에서 나온 말을 자신의 귀로 듣고,
자신의 우정에 의심을 품을 수도 있다.

● 인간적인 너무나 인간적인

VI

인간에
대하여

MENSCHLICHKEIT

089

진정 독창적인 사람이란

어떤 기발한 일을 벌려

대중의 이목을 한데 모을 수 있는 사람이

독창적인 인물은 아니다.

그는 단순히 주목받길 원하는 사람이다.

독창적인 사람의 특징 중 하나는

이미 모든 사람들의 눈앞에 있으나 아직 알아차리지 못해

이름조차 가지지 못한 것을 알아보는 눈을 가지고,

나아가 그것에 새로운 이름을 부여할 수 있는

능력을 가졌다는 점이다.

이름이 주어지고 비로소 그것이 실제로 존재함으로써

인간은 깨닫게 된다.

그렇게 새로운 세계의 일부가 탄생한다.

● 즐거운 학문

카리스마의 기술

카리스마를 가진 깊이 있는 사람처럼 보이길 원한다면
어느 정도 자기 모습을 감출 수 있는 일종의 어둠을 몸에 두르면 된다.
자신의 모든 것이 온전히 드러나지 않도록,
밑바닥이 보이지 않도록 하는 것이다.
많은 사람들은 그 끝, 밑바닥이 보이지 않는 것에서
일종의 신비와 깊이를 느끼기 때문이다.
연못과 늪이 그 혼탁함으로 인해 바닥이 보이지 않으면
사람들은 알 수 없는 늪의 깊이에 두려움을 느낀다.
카리스마 있는 인물이라 불리는 사람에 대한
두려움이란 그 정도의 것이다.

● 즐거운 학문

091

심리를 고려해 전하라

누군가에게 어떠한 소식을 전할 때는 요령이 있다.

새로운 사건이나 사고, 상대가 놀랄 만한 사항을 전할 때는

마치 그것이 잘 알려진, 조금 오래된 일인 양 전하는 것이다.

그러면 상대는 선뜻 받아들이게 된다.

이런 방식을 취하지 않고 새로운 사건을 전하면

상대는 자신이 그것을 알지 못했다는 사실에 열등감을 느끼고

그로 인해 밀려드는 분노를 상대에게 드러낸다.

이렇게 되면 상대에게 전해야 할 것도 제대로 전할 수 없다.

이 같은 요령을 아느냐 모르느냐에 따라

커뮤니케이션의 질이 크게 달라지기도 하며,

공동으로 일할 때에는 그 성패에까지 영향을 미친다.

● 아침놀

신뢰를 얻고 싶다면 행동으로 보여라

자기 자신을 믿는다고 공공연히 말하는 사람은

오히려 타인의 신뢰를 받지 못한다.

그 같은 말을 하는 사람은 자신에게 취해 있는 나르시시스트이거나

자기애로 인해 자기 인식이 상당히 안이해진 인간에

불과하기 때문이다.

또한 인간이라는 존재가 얼마나 유약한지

대부분의 사람이 알고 있기 때문이다.

타인의 신뢰를 얻고자 한다면 말로 자신을 강조할 것이 아니라,

행동으로 보여 주는 수밖에 없다.

피할 수도 물러설 수도 없는 상황에서의

진실하고 흔들림 없는 행동이야말로

타인의 믿음에 호소할 수 있다.

● 방랑자와 그의 그림자

093

자신의 약점과 결점을 알라

성공한 사람은 모든 면에서 강인함을 가지며

운이 좋고, 사고와 행동이 상당히 효율적이어서

무슨 일이든 남보다 요령이 좋은 듯 보인다.

그러나 그들 또한 보통 사람과 마찬가지로 결점과 약점이 있다.

다만 그들은 결점이나 약점을

누구도 보지 못하게 깊이 숨기기보다는

오히려 그것을 마치 강점의 변형인 듯 위장하여 내보인다.

그 점에 있어 남들보다 노회하다.

이것이 가능한 것은 그들이 자신의 결점과 약점이 무엇인지를

정확히 알고 있기 때문이다.

대개의 사람은 자신의 약점에 대해서는

보고도 보지 못한 척 외면한다.

그러나 성공한 사람들은 그것을 똑바로 마주하며 자각한다.

그것이 보통 사람과 그들의 차이다.

● 방랑자와 그의 그림자

수완가이면서 둔한 듯 보여라

예리하고 영리하기만 해서는 안 된다.
어떤 면에서는 둔해 보이는 것도 필요하다.
영특한 것만이 멋있는 것은 아니다.
영특하지만 늘 '아직 어리다'는 말을 듣고
어딘지 가볍게 보이는 취약점도 필요하다.
예리하면서도 어느 정도 둔한 면이 있어야 애교스러운 이로 여겨져
사람들의 사랑을 받고 누군가가 도움을 주기도 하며
편들어 줄 여지도 생긴다.
이것은 영특하기만 했을 때보다 훨씬 많은 것을 얻게 한다.

● 농담, 음모 그리고 복수

095

인간적인 선과 악

악이란 무엇인가?

사람을 모욕하는 것이다.

가장 인간적인 것이란 무엇인가?

어떤 사람에게도 창피를 안겨 주지 않는 것이다.

그리고 사람이 얻는 자유란 무엇인가?

어떤 행위를 해도 자신에게 부끄럽지 않은 상태가 되는 것이다.

● 즐거운 학문

어떻게 웃는가,
그것에서 인간성이 드러난다

어떤 식으로 웃는가, 어떤 경우에 웃는가.

거기에 뜻밖에도 인간성이 나타난다.

예컨대 타인의 실수를 멸시하며 웃는지,

의미의 기묘함에 웃는지,

세련된 기지를 재미있어 하는지를 통해 인간성을 알 수 있다.

더욱이 웃음소리의 울림에 그 사람의 본성이 배어 나온다.

그렇다고 웃는 데 겁을 낼 필요는 없다.

우리는 다른 방식으로도 자신의 인간성을 드러내기 때문이다.

그리고 우리의 인간성이 달라지면 웃음도 자연히 변한다.

● 방랑자와 그의 그림자

097

평등에 대한 욕망

평등이라는 개념어를 즐겨 사용하는 사람은
두 가지 욕망 중 어느 한쪽을 숨기고 있다.
하나는 다른 사람들을
자신의 수준까지 끌어내리려는 욕망이다.
다른 하나는 자신과 다른 사람들을
높은 차원으로 끌어올리려는 욕망이다.
따라서 부르짖는 평등이 어느 쪽인지를
명확히 파악하는 것이 중요하다.

● 인간적인 너무나 인간적인

허영심의 교활함

인간이 가지고 있는 허세, 즉 허영심은 복잡하다.

예컨대 자신이 좋아하지 않는 성질이나 버릇, 나쁜 행동을

진실한 마음으로 타개한 듯이 보이는 경우에서조차

그에 의해 더 나쁜 부분을 감추려고 하는 허영심이

때때로 작용하기 때문이다.

또한 보통 상대에 따라

무엇을 드러내고 무엇을 감출 것인지를 달리한다.

그런 관점에서 타인이나 자신을 잘 관찰하면

그 사람이 지금 무엇을 부끄럽게 생각하며 무엇을 감추고 있는지,

무엇을 내보이려 하는지를 명료하게 알 수 있다.

● 인간적인 너무나 인간적인

099

너무 이른 성공은 위험하다

너무 어린 나이에 성공하거나 공적을 쌓아 추앙을 받으면,

그 사람은 오만과 같은 삐뚤어진 감각에 사로잡혀

동연배의 사람이나 차근차근 노력해 가는 사람에 대한

외경을 완전히 잊어버리고 만다.

그뿐 아니라 성숙의 의미를 이해하지 못하며

성숙에 의해 유지되는 문화적 환경에서도 자연히 멀어진다.

타인은 시간의 흐름과 함께 성공을 이루고 일에 깊이를 더하는데,

자신은 그것을 이루지 못하고

언제까지나 어린아이처럼 과거의 성공과 공적을

간판으로 삼으려는 인간이 되어 버린다.

● 방랑자와 그의 그림자

타인의 일에 대하여
이것저것 생각하지 마라

남을 이렇다 저렇다 판단하지 말 것.

남을 평가하지도 말 것.

남에 대한 소문도 입에 담지 말 것.

그 사람은 이렇다 저렇다 하는 생각도 애당초 하지 말 것.

그 같은 상상이나 사고를 가급적 하지 말 것.

이 같은 것에 좋은 인간성의 상징이 있다.

● 아침놀

101

타인을 모욕하는 것은 악이다

누군가를 모욕하는 것은 명백한 악행 중 하나다.

악인은 사람에게 모욕을 안긴다.

도둑도, 살인자도 사람을 욕보인다.

폭력은 물론 작은 다툼에서조차

상대에게 모욕감을 안기는 말이 사용된다.

악을 행하는 것은 자신을 더럽히는 것일 뿐 아니라

연인을, 부모를, 친구를 모욕하는 일이다.

나아가 인간의 존재 그 자체를 욕보이는 것이다.

진정 자유롭게 사는 인간이란

어떤 행동을 하든 부끄럽지 않은 경지에 이른 인간이다.

물론 그가 다른 누군가를 모욕하는 일 역시 없다.

● 즐거운 학문

사람의 고귀함을 보는 눈을 가져라

사람을 볼 때는 그의 고귀함을 보도록 하라.

그 사람의 저열한 면이나 피상적인 것만 본다면

그렇게 보는 이 스스로가 매우 좋지 않은 상태에 있다는 증거다.

누군가의 저급한 면만을 봄으로써

어리석고 노력하지 않는 자신의 모습에 두 눈을 질끈 감고

자신은 저런 인간들보다 고귀하다고 생각하려 하기 때문이다.

마찬가지로, 사람의 고귀함을 보려고 하지 않는

사람과는 관계하지 마라.

자신 또한 그와 똑같은 저급한 인간이 되어 버리기 때문이다.

● 선악의 저편

103

많이 가지려는 사람들

배우자의 직업이나 지위가 마치 자신의 공인 양 말하는 사람이 있다.

그는 아이가 다니는 학교의 특징, 반려견의 영리함,

정원수의 멋스러움, 살고 있는 도시의 아름다움까지

자신의 공인 양 내세운다.

정치가나 관료는 자신들이 시대 전체나 역사를

좌우하고 있는 듯 말한다.

대다수의 사람들이 자신이 아는 것을

특별히 가치 있는 것인 양 말하며,

알고 있으면 가지고 있는 것과 진배없다고 생각한다.

이처럼 그들은 사물과 지식에 대해 말함으로써

자아와 그 소유욕이 얼마나 비대한지를 여실히 드러낸다.

그리고 그것에 그치지 않고

과거와 미래까지도 소유하려 든다.

● 아침놀

성급한 성격은 인생을 성가시게 만든다

서로 사랑할 때에도, 서로 싸울 때에도, 서로 존경할 때에도

언제나 둘 중 한쪽만이 번뇌하는 역할을 도맡는다.

그들의 특징은 공통한다.

결국 성급한 성격이다.

성격이 급한 사람은 어떠한 경우나 상황,

일이 진행되는 순간순간 단락해 반응하며

그때마다 감정을 파열시키고 지나친 언동을 저지르고 만다.

그 때문에 아주 평범한 일조차도

여러 손이 가는 번잡한 일이 되어 버린다.

● 아침놀

105

행복을 거부하는 사람

행복하다 느끼는 것을
세상 물정 모르는 이의 천진함,
무언가 경박하고 부끄러운 것으로 여기는 사람이 있다.
혹은 행복이란 결코 자신의 손에 닿지 않는
가공의 존재라 믿기도 한다.
이러한 자들은 "당신은 정말 행복한 사람이군요."라고
누군가가 말하면 "아니요, 그렇지 않아요."라며 강력하게 부정한다.
그리고 자신이 갖고 있는 몇 가지 작은 결점이나 불만,
성가신 일들을 다시금 몰래 헤아려 본다.

● 인간적인 너무나 인간적인

기다리게 하는 것은 부도덕하다

연락도 없이 사람을 기다리게 하는 것은 좋지 않다.
매너나 약속을 지키는 차원만의 문제가 아니다.
기다리는 동안 사람은 이런저런 좋지 않은 상상을
떠올리고 걱정하며, 이어서 불쾌해지고 점차 분개한다.
결국 사람을 기다리게 한다는 것은
아무것도 사용하지 않고 그 사람을 인간적으로 나쁘게 만드는
부도덕하기 짝이 없는 일이다.

● 인간적인 너무나 인간적인

뜻밖의 예의

감사를 진심으로 거절하면
상대는 모욕을 받았다고 느낀다.

● 아침놀

선악 판단의 에고이즘

자신에게 손해를 끼치는 것은 악이요,
자신에게 이득을 안기는 것은 선이라는 식으로
선악을 판단하는 에고이스트가 있다.
그 사람이 에고이스트인 이유는
일반적인 선악을 판단하는 것은
당연히 자기 자신이라 생각하기 때문이다.
이러한 야만적인 인간이 이 세상에 드물지 않다.

● 아침놀

109

인상의 강약에 굴복한다

우리는 종종 엄숙하고 거만하며
카리스마 넘치는 태도를 보이는 자가 하는 말을
앞뒤 재지 않고 그대로 납득해 버린다.
반대로, 주장의 근거와 이유를 상세히 밝혀 말하는 이에게는
오히려 불신의 눈초리를 보낸다.
말하자면 사람은,
인상의 강약으로 최초의 경솔한 판단을 한다.

● 생성의 무구

강함과 냉혹함은 다르다

태도나 말투, 행동 하나하나가
너무도 강인한 인상을 풍기는 자들이 있다.
그러나 그것은 우리 멋대로 강하다고 느끼는 것일 수 있다.
사실 그 태도, 말투, 행위, 사람은
그저 냉혹한 것인지도 모른다.

● 생성의 무구

두려움 때문에 동조하는 사람

타인의 주장이나 의견에 대해

모든 이가 깊이 사고한 후 지지나 동조를 보내는 것은 아니다.

사람은 소외되길 염려할 때 동조한다.

혹은 대중 속에 섞여 눈에 띄고 싶지 않을 때,

주변 사람들을 불쾌하게 만들고 싶지 않을 때 동조한다.

어떤 이유이든 그에는 두려움,

일종의 공포심이 내재되어 있다.

● 생성의 무구

112

젊은이를 파멸시키는 독약

자신과 전혀 다른 생각을 하는 사람보다는
자신과 같은 생각을 하는 사람을 더 존중하라고
젊은이를 가르친다면
그들은 분명 제멋대로의 불행한 인생을 살게 될 것이다.
같은 맥락에서 무리 짓는 것, 기대는 것,
상대에게 맞추는 것이 중요한 가치라고 가르친다면
그는 곧바로 자기 자신을 잃고
형편없는 사람으로 전락할 것이다.

● 아침놀

타인의 어떤 면을 볼 것인가

타인의 약점과 속임수를 재빨리 알아챈다.

누군가의 비겁함, 야비함이 곧잘 눈에 들어오며

사람의 언행에는 모종의 의도나 꿍꿍이가 있다고 생각한다.

반대로, 사람 안에 있는 인간적인 위대함을 순순히 알아차린다.

타인의 훌륭함에 자연스럽게 감흥하고,

타인의 허물에 민감하기보다는

어느 정도의 결점은 애교라 여기며 포용한다.

그대는 어디에 속하는 사람인가.

혹은 무엇을 보는 사람이 될 것인가.

● 선악의 저편

114

상대가 답하기 쉬운 질문을 하라

타인과의 대화를 순조롭게 이어가고 싶다면
상대가 답하기 쉬운 질문을 한다.
생각에 잠기게 하거나 대답하기 어려운 질문은
결국 상대를 거북하게 만든다.
어차피 사람이란 쉽게 답을 얻을 수 있는 것,
이미 답이 나와 있는 것만 귀에 들어오기 때문이다.

● 즐거운 학문

상대를 상처 입히고 싶다면

무엇 때문에 상대를 헐뜯는가?

상대에게 상처를 주기 위함인가?

그렇다면 방법은 간단하다.

굳이 입을 더럽혀 가며 목청 높일 것도 없다.

과장조차 배제하고 있는 그대로의 사실을

단적으로 말해 주는 것, 그것만으로 충분하다.

● 생성의 무구

언제 무엇을 말해야 하는가

사람은 언제 말해야 하는가.

더는 침묵이 용인되지 않는 바로 그때 말해야 한다.

사람은 무엇을 말해야 하는가.

자신의 손으로 이룬 것, 자신이 이미 극복한 일만을

차분하고 담담하게 말해야 한다.

● 인간적인 너무나 인간적인

가끔은 고독을 청하라

사회적 필요에 의해 수많은 사람과 어울려 지내다 보면

인간관계 자체가 점점 번거로운 만남으로 전락해 버린다.

그럴 때는 잠시간 누구도 만나지 않고

고독의 시간을 보내는 것이 좋다.

그런 후에 다시 만나는 사람들의 온기는

뜻밖의 반가움과 설렘, 활력을 선사할 것이다.

● 인간적인 너무나 인간적인

VII

세상에
대하여

ÖFFENTLICHKEIT

118

모든 사람들로부터
사랑받지 않아도 된다

나에게 생리적 혐오를 가진 상대를

아무리 정중하게 대한들,

그 자리에서 나에 대한 생각을 달리하지는 않는다.

결국에는 도리어 무례한 놈이라 여겨질 뿐이다.

반드시 모든 이로부터 사랑받아야 한다고 생각지 말라.

이러한 때에는 무리하게 애쓰지 않고

평소의 자세로 담담히 지내는 것이 최선이다.

● 인간적인 너무나 인간적인

광기의 집단성

개인이 홀로 광기에 사로잡히는 일은 매우 드물다.

그러나 개인과 개인이 모여 어떤 단체가 되었을 때,

한 당파로 결속되었을 때, 민족으로서 단결했을 때,

혹은 시대의 소용돌이에 휘말렸을 때에는

스스로도 의식하지 못한 채

그러나 너무도 당연하게 광기에 사로잡힌다.

● 선악의 저편

인정의 기준

누군가가 무언가를 인정한다.

그 이유는 세 가지다.

우선은 그 일에 대해서 아무것도 모르기 때문이다.

두 번째는 그것이 세상에서 너무도 흔한 일인 듯 보이기 때문이다.

그리고 세 번째는 이미 그 사실이 일어났기 때문이다.

이제 그것이 선악 중 어느 쪽인가, 어떤 이해를 낳는가,

어떤 정당한 이유가 있는가 하는 것들은

인정의 기준이 되지 않는다.

이런 식으로 많은 사람들이 인습이나 전통, 정치를 인정하고 있다.

● 아침놀

121

가치 평가의 포장

예전부터 몇 번이고 거듭되던 것이 지금 또다시 되풀이되고 있다.

그러나 우리는 그것을 과거와 동일한 사건의

반복이라고 생각하지 않는다.

다른 의미를 부여함으로써 가치와 평가를 바꾸고,

마치 무척 현대적이고 새로운 일인 양

인식하려는 습성이 있기 때문이다.

비슷한 말들로 바꿔 부르는 가치 평가의 포장은

일상 곳곳에서도 일어나고 있다.

실제로는 살인에 지나지 않는 것을 전쟁, 분쟁, 사변,

전란, 탄압, 진압, 평정, 혁명, 테러리즘이라 부르는 것처럼.

● 생성의 무구

안정 지향이
사람과 조직을 부패시킨다

유유상종이라는 말이 있다.

그러나 같은 생각을 가진 사람만이 모여

서로를 인정하고 만족하면

그곳은 뻔뻔한 폐쇄 공간이 되어 버리고

더 이상 새로운 사고나 발상이 나오지 않게 된다.

또한 조직의 연장자가 자신의 사고와 똑같은 의견을 가진

젊은이만을 육성하면, 조직도 젊은이도 완전히 망가지고 만다.

반대 의견이나 새롭고 이질적인 발상을 두려워하고

자신들의 안정만을 추구하는 자세는

오히려 조직과 사람을 근원부터 부패시켜

급격한 퇴폐와 파멸을 초래하고 만다.

● 아침놀

123

비판이라는 바람을 불어넣어라

곰팡이는 통풍이 되지 않는 축축한 곳에서 자라고 번식한다.

이와 같은 일이 사람들의 조직과 집단에서도 일어난다.

비판이라는 바람이 불어오지 않는 폐쇄적인 곳에는

반드시 부패와 타락이 태어나 거침없이 자란다.

비판은 깊은 의심에서 나온 심술이나 고약한 의견 따위가 아니다.

비판은 바람이다.

이마를 시원하게 식히기도, 눅눅한 곳을 건조시키기도 하여

나쁜 균의 번식을 억제하는 역할을 한다.

그렇기에 비판은 쉼 없이 들을수록 좋다.

● 인간적인 너무나 인간적인

위엄을 드러내는 무리의 정체

대단한 지위를 지닌 무리의 모습을 보자.

자신의 직무나 지위를 보란 듯이 드러내는 복장,

근엄한 눈빛과 표정, 여유 있는 몸짓으로 위압감을 자아낸다.

짐짓 거드름을 피우며 수많은 회의와 의식을 치른다.

알아듣기 힘들 정도로 에둘러 말하며, 예의 바른 말투를 선호하고

납득이 가지 않을 때는 약간의 굳은 표정을 지을 뿐이다.

그들은 그 같은 모습을 통해 위엄을 드러내고자 한다. 왜일까?

무리 밖에 있는 사람들에게 일종의 공포심을 안기기 위해서다.

그들이 속한 조직에 대한 공포 그리고 그들 자신에 대한 공포,

그 음험하고 뒤틀린 공포심을 이용해

사람들을 손아귀에 쥐려 한다.

그렇게까지 해서 공포심을 주려는 이유는

그들이 겁쟁이이기 때문이다.

혹은 그 위엄에는 아무런 근거가 없기 때문이다.

● 아침놀

125

조직에서 불거져 나오는 사람

다른 사람들보다 깊고 넓은 사고의 폭을 가진 사람은

조직이나 파벌에 속하기에는 적합하지 않다.

그 같은 사람은 어느 사이엔가 조직과 당파의 이해를 초월하여

한 차원 높은 사고를 하기 때문이다.

조직과 파벌이라는 것은 고만고만한 도토리의 집합체,

작은 물고기의 무리와도 같아서

사고방식까지도 보통 사람의 틀 안에 가두어 버린다.

그러므로 사고방식의 차이로 조직에 익숙해지지 않는다고 하여

자신만을 이상하게 여길 필요는 없다.

그것은 조직이라는 좁은 세계를 초월한 넓은 차원에

이르렀기 때문일 수도 있으므로.

● 인간적인 너무나 인간적인

살아 있는 자신의 의견을 가져라

살아 있는 물고기를 손에 넣기 위해서는
밖으로 나가 스스로 낚아 올려야 한다.
마찬가지로 자신의 의견을 가지기 위해서는
스스로 자신의 생각을 깊이 파고들어 언어화하지 않으면 안 된다.
그것은 물고기 화석을 사는 것보다 나은 일이다.
자신의 의견을 가지는 게 성가시다고 생각하는 사람들은
돈을 지불하고 상자에 든 화석을 산다.
이 화석은 곧 타인의 낡은 의견이다.
그리고 그들은 돈을 주고 산 의견을 자신의 신념으로 삼는다.
그런 그들의 의견은 살아 있음의 생기가 전혀 느껴지지 않고,
언제까지나 늘 그 상태로 정체해 있다.
이 세상에는 그런 인간이 수없이 많다.

● 방랑자와 그의 그림자

127

사소한 것에 힘들어하지 마라

덥다의 반대는 춥다, 밝다의 반대는 어둡다,

크다의 반대는 작다…….

이것들은 상대적 개념을 사용한 일종의 언어유희다.

그러나 현실도 이와 같다고 생각해서는 안 된다.

예컨대 '덥다'는 '춥다'에 대립하는 개념이 아니라는 뜻이다.

이들 두 개념은 어떤 현상에 대해 자신이 느끼는

정도의 차이를 이해하기 쉽게 표현한 것에 지나지 않는다.

그럼에도 불구하고 현실도 이처럼 대립한다고 믿는다면

그것이 자신을 괴롭히는 곤란과 역경으로 작용해

작은 변화가 큰 고통이 되고,

단순한 거리가 소원해지거나 절교로 이어지는 단초가 되고 만다.

그리고 대부분의 고민은 이 정도의 차이를

깨닫지 못한 사람들이 늘어놓는 불평불만에 지나지 않는다.

● 방랑자와 그의 그림자

규칙은 많은 것을 변화시킨다

질서를 만들기 위해서, 나쁜 일을 방지하기 위해서,

혹은 위험을 줄이기 위해서, 효율을 높이기 위해서

규칙이나 법률이라는 것이 만들어진다.

그리고 그 후에는 규칙이 존재하기에 새로운 상황이 형성된다.

그것은 규칙이 필요했을 때의 상황과 완전히 다른 것이다.

그 규칙을 폐지하더라도 규칙이 없었던 과거와

똑같은 상황으로 돌아가지는 않는다.

규칙은 환경도, 인심도 바꿔 놓기 때문이다.

● 방랑자와 그의 그림자

129

여우보다 뻔뻔한 것은

포도가 탐스럽게 열려 있다.

여우 한 마리가 다가와 포도를 따려고 한다.

하지만 포도송이는 저 높은 가지에 달려 있어

아무리 높이 뛰어도 닿을 수가 없다.

이윽고 여우는 포도를 따겠다는 생각을 포기하고

"저 포도는 어차피 시어서 먹지도 못할 게 틀림없어."라는

한 마디를 남기고 가 버린다.

이솝 우화의 서른두 번째 이야기다.

이 우화는 자신의 실패를 인정하지 않고

변명과 억지만을 늘어놓는 행태에 관한 교훈을 담고 있다.

그런데 현실에는 이 같은 여우보다 훨씬 교활한 인간이 있다.

그런 인간들은 손을 뻗어 다른 사람들보다 먼저, 많이

차지할 수 있었던 포도송이에 대해서도

'너무 시어서 먹을 수 없었다'며 거짓 소문을 낸다.

● 방랑자와 그의 그림자

가장 위험한 순간

자동차에 받힐 위험이 가장 큰 순간은
자신을 향해 돌진하는 첫 번째 자동차를 재빨리 피한 직후다.
마찬가지로 일에서나 일상생활에서도
어떠한 문제나 불화를 원활히 처리한 후 안도하며 긴장을 풀었을 때
다음 위험이 엄습해 올 가능성이 가장 높다.

● 인간적인 너무나 인간적인

131

빌린 것은 크게 돌려줘라

빚진 것을 돌려줄 때는 과거에 자신이 받았던 것보다
더 충분히, 더 넉넉히 되돌려주어라.
더해진 부분은 도움을 주었던 상대에게 이자로 돌아가
그를 기쁘게 할 것이다.
이것은 갚는 쪽에게도 기쁨을 안겨 준다.
되돌려주는 사람은 좀 더 많이 되갚음으로써
과거 도움을 청했을 당시의 초라함과 작은 굴욕감을
넉넉한 양으로 되사게 된다.

● 방랑자와 그의 그림자

불신의 정체

사람들은 타인에 대해

누구는 감정적이다, 누구는 차갑다, 누구는 현명하다와 같은

특징적 성향을 암묵적으로 정해 놓곤 한다.

그리고 그이들은 언제나 그 틀을 유지해야 한다고 믿는다.

그런 독단적인 사고 탓에,

현명하다고 규정지었던 사람이 쩔쩔매거나

갈팡질팡 판단을 내리지 못하는 모습을 보이면

그에게 붙인 꼬리표에 괴리를 느끼고

순식간에 불신의 눈길을 보낸다.

● 선악의 저편

133

그 무엇도 있는 그대로 보지 않는다

사람의 눈은 카메라의 렌즈와 비슷한 역할을 하지만

렌즈처럼 앵글에 비친 모든 것을 있는 그대로 투과시키지는 않는다.

가령 석양에 물든 산자락을 넋을 잃고 바라볼 때도

자연의 풍광을 있는 그대로 보는 것이 아니다.

본인 스스로는 마음을 비우고 본다 여길지라도

실상은 바라보는 대상 위에

영혼의 얇은 막을 무의식적으로 덮어씌운다.

그 얇은 막이란 어느 사이엔가 성격이 되어 버린 습관적인 감각,

찰나의 기분, 다양한 기억의 편린들이다.

풍경 위에 이러한 막을 얹고, 막 너머를 희미하게 바라보는 것이다.

즉 인간이 바라보는 세계란 이미 그 사람의 일부이다.

● 생성의 무구

세상의 파도 속에서 표류하지 않기 위하여

타인을 알아가고 가까이 사귀어 친분을 공고히 하는 것을
사교 혹은 교제라고들 하나,
사람들 대다수는 사회 속에서 타인과의 교제를 통해
자신의 순수성을 현저하게 잃어 간다.
심지어 비열해지기까지 한다.
그렇기에 우리는 더욱 강인해져야 한다.
타인의 주장이나 인간관계에 휘둘리지 않고,
물들지 않고, 휩쓸리지 않고 본래의 자신을 지켜 나가야 한다.
세상의 파도 속에서 사교적으로 살면서도 표류하지 않아야 한다.
이를 위해서는 무언가를 버리는 단호함과 용기, 통찰력이 필요하다.
그런 자만이 고독을 두려워하지 않고
오히려 고독 속에 자신을 온전히 내던지는 즐거움을 맛볼 수 있다.

● 선악의 저편

135

높은 곳에서 무엇을 볼 것인가

끊임없이 자신을 뛰어넘고 변화를 거듭하며
한결같이 오르다 보면 언젠가는 드높은 어딘가에 다다른다.
그리고 그곳에는 높은 산의 정상과도 같은 탁 트인 전망이 있다.
거기에 서서 당신이 보려는 것은 무엇인가.
얼굴을 들고 구름 저편에 있는 정상의 그림자를 보려는 것인가.
아니면 의기양양한 미소를 띠며
멸시하듯 지상의 사람들을 내려다보려는 것인가.

● 선악의 저편

VIII

사랑에
대하여

LIEBE

있는 그대로의 그를 사랑하라

사랑이라는 것은

젊고 아름다운 이를 좋아하여 손에 넣고자 하거나

뛰어난 사람을 어떻게든 자신의 것으로 만들어

자기 영향력 아래에 두려고 하는 것이 아니다.

또한 사랑한다는 것은 자신과 비슷한 자를 찾거나

슬픔을 나누는 것도 아니며

자신을 사랑하는 사람을 기꺼이 받아들이는 것도 아니다.

사랑한다는 것은 자신과는 완전히 정반대의 삶을 사는 사람을

그 상태 그대로 기뻐함이다.

자신과는 반대의 감성을 가진 사람을

그 감성 그대로 기뻐함이다.

사랑으로 두 사람의 차이를 메우거나

어느 한쪽을 움츠러들게 하는 것이 아니라,

두 사람 모두 있는 그대로 기뻐하는 것이 사랑이다.

● 방랑자와 그의 그림자

137

사랑을 배워 간다

어떤 음악을 처음 접할 때

우리는 그 익숙하지 않는 것을 꺼리지 않고

일단 마지막까지 듣는 인내와 노력, 관용을 가져야만 한다.

그것을 반복함으로써 친밀함이 생기고

이윽고 그 음악의 매력을 조금씩 발견한다.

그로써 음악이 가진 깊은 아름다움을 발굴해 내고

그것을 사랑하게 되며,

자신에게 없어서는 안 되는 것이 되어 간다.

이것은 비단 음악에 한한 이야기가 아니다.

우리는 사랑에 대해서도

처음의 낯설음에서 출발하여 사랑을 배우는 길을 걸어왔다.

일을 사랑할 때도, 자신을 사랑할 때도,

다른 누군가를 사랑할 때도 마찬가지다.

사랑은 언제까지고 이처럼 배움의 길을 거니는 모습을 보여 준다.

● 즐거운 학문

사랑은 비처럼 내린다

사랑은 어째서 공정함보다 주목받으며 중히 여겨지는 것일까?

어째서 사랑에 대해서만큼은 많은 것을 이야기하고

끊임없이 찬미하는 것일까?

공정함이 사랑보다도 더 지적이지 않은가?

사랑은 공정함보다도 훨씬 어리석지 않은가?

사실 사랑이 그런 어리석은 것이기에

모든 사람에게 기분 좋은 것이다.

사랑은 영원한 꽃다발을 들고

우매할 만큼 아낌없이 사랑하지 않고는 견딜 수 없는 것이다.

그 상대가 누구든.

사랑할 가치가 없는 자일지라도, 불공정한 인간일지라도,

사랑을 주어도 절대 감사 따윈 하지 않을 사람일지라도.

비는 선인의 위에도, 악인의 위에도 차별하지 않고 내린다.

사랑도 그와 같아서 상대를 선택하지 않고

온몸을 적시고 만다.

● 인간적인 너무나 인간적인

사랑의 눈 그리고 바람

사랑은 사람 안에 있는 아름다움을 발견하고,
그 아름다움을 계속 주시하려는 눈을 가지고 있다.
사랑은 사람을 보다 높은 차원으로 이끌려는
욕구를 지니고 있다.

● 아침놀

새롭게 무엇인가를 시작하는 요령

공부나 교제, 일이나 취미, 독서 등
무엇인가 새로운 일에 맞닥뜨렸을 때 현명한 대처 요령은
가장 넓은 사랑을 가지고 맞서는 것이다.
꺼리는 면, 마음에 들지 않는 점, 오해, 시시한 부분을 보아도
즉시 잊어버리겠다는 마음가짐으로 그 모두를 전면적으로 받아들이며
전체의 마지막에 이르기까지 잠자코 지켜본다.
그럼으로써 드디어 거기에 무엇이 있는지,
무엇이 그것의 심장인지 확연히 들여다볼 수 있다.
좋다 혹은 싫다와 같은 감정이나 기분에 치우쳐
도중에 내팽개치는 것이 아니라 마지막까지 넓은 사랑을 갖는 것.
이것이 무언가를 진정으로 알고자 할 때의 요령이다.

● 인간적인 너무나 인간적인

141

영원히 사랑할 수 있는가

행위는 약속할 수 있다.

그러나 감각은 약속할 수 없다.

왜냐하면 감각은 의지의 힘으로는 움직일 수 없는 것이기 때문이다.

따라서 영원히 사랑한다는 약속은 불가능한 것처럼 보인다.

그러나 사랑은 감각만이 아니다.

사랑의 본질은

사랑한다는 행위 그 자체이기 때문이다.

● 인간적인 너무나 인간적인

사랑만이 구원한다

다만 사랑만이 구원할 수 있다.

사랑만이 굽은 것을 펴고, 회복하고, 조정하고,

일으켜 세울 수 있다.

진정한 창조력을 갖춘 사랑이야말로 완벽한 구원자다.

● 생성의 무구

사랑하는 이를 원한다면

당신은 연인을 갖길 바라는가.

좋은 사람이 나타나기만을 기다리고 있는가.

자신을 깊이 사랑해 줄 사람을 원하고 있는가.

이는 실로 잘난 척의 최절정이라고 말할 수 있다.

당신은, 당신이 바라는 대로 많은 사람에게 사랑받을 만큼

좋은 인간이 되기 위해 노력하고 있는지 반문해 보라.

자신을 사랑해 주는 것은 단 한 사람이면 족하다고 말하고 싶은가?

그러나 그 한 사람은 많은 사람들 중에 있다.

그런데도 많은 이로부터 사랑받기 위해

노력하지 않는 당신을 어느 누가 사랑할 것인가.

이제 알겠는가?

당신은 처음부터 당치도 않는 주문을 하고 있다는 사실을.

● 인간적인 너무나 인간적인

144

결혼할 것인지 말 것인지 망설인다면

결혼에 발을 들여놓을 것인지 말 것인지를 망설이고 있다면

차분히 자신에게 질문을 던져 보라.

여든이 되어도, 아흔이 되어도

상대와 여전히 즐겁게 이야기를 나눌 수 있을까?

기나긴 결혼생활 동안 많은 일이 일어난다.

그러나 그것들은 모두 순간적인 것이며

어느 사이엔가 세월 뒤로 흘러간다.

그러나 둘이서 끊임없이 대화를 나누는 일은

결혼생활의 대부분을 차지하고 노년이 될수록 그 시간은 길어진다.

● 인간적인 너무나 인간적인

보다 많은 사랑을 원하는 오만

두 사람의 관계에서
더 많은 사랑을 받아야 하는 것은 자신이라 생각한다면,
둘 사이에 우스운 싸움이나 성가신 문제들이 일어난다.
결국 두 사람 모두 자신이 더 잘났기에
보다 많은 사랑을 받을 가치가 있다는
자만에 빠져 있는 것이다.

● 인간적인 너무나 인간적인

146

사랑은 기쁨의 다리

사랑이란 자신과 다른 방식으로 느끼며
다르게 살아가는 사람을 이해하고 기뻐하는 것이다.
자신과 닮은 사람을 사랑하는 것이 아니라,
자신과는 대립하여 살고 있는 이에게
기쁨의 다리를 건네는 것이 사랑이다.
차이를 부정하는 것이 아니라, 그 차이를 사랑하는 것이다.

● 혼합된 의견과 잠언들

사랑하는 사람은 성장한다

누군가를 사랑하게 되면

자신의 결점이나 마음에 들지 않는 부분을

상대에게 들키지 않으려고 처신한다.

이는 허영심의 발로가 아니다.

사랑하는 사람에게 상처 주지 않으려는 것이다.

그리고 상대가 언젠가 그것을 알아차리고 혐오감을 갖기 전에

어떻게 해서든 스스로 결점을 고치려고 한다.

이러한 사람은 좋은 인간으로,

어쩌면 신과 비슷한 완전성에 끊임없이 다가가는 인간으로

성장할 수 있다.

● 즐거운 학문

148

지나친 사랑은 위험하다

사랑은 격정적일수록 좋은 것도, 순수한 것도 아니다.
특정한 누군가에 대한 열렬한 사랑은
강한 편견과 이기로 한껏 부풀어 있다.
그 편견이란 오직 그 사람만이 끓어오르는 이 열정에
답할 수 있으며, 그만이 사랑의 감옥에서 나를 구할 수 있다는
굳은 신념과 광신이다.
그렇기에 이 사랑은 상대가 돌아보지 않으면
절망적인 고뇌와 상심에 빠진다.
아이러니한 것은 설사 상대가 돌아봐 주었다 해도
갈증은 풀리지 않는다는 사실이다.
도리어 환멸과 끝없는 욕구 불만이 기다리고 있다.
이유는, 상대가 현실적으로 안겨 주는 사랑보다
자신의 격정이 기대하는 광신적인 요구가
비현실적으로 거대하기 때문이다.

● 생성의 무구

자신의 욕망만을 사랑하는 마음

타는 듯한 격정으로 간절히 원하던 것도
막상 손에 넣고 나면 그 열정과 흥미가 식어 버린다.
그러고는 다시금 다른 닮은 것을 원한다.
거기에 사랑하는 마음이 존재하는가.
물론이다.
자신의 욕망만을 사랑해 마지않는 마음이 존재한다.

● 선악의 저편

IX

지성에
대하여

WISSENSCHAFT

앎의 기본

어두컴컴한 밤이 있기에

빛의 따스함과 눈부심을 알 수 있다.

● 생성의 무구

본질을 파악하라

광천이 샘솟는 모습은 각양각색이다.

콸콸 넘쳐흐르듯이 용솟음치는 광천,

끝없이 흘러나오는 광천, 똑똑 방울져 나오는 광천…….

광천의 가치를 모르는 사람은 물의 양으로 그 풍요로움을 판단한다.

그러나 광천의 효과를 잘 아는 사람은

물의 양이 아닌 함유 성분으로 광천의 좋고 나쁨과 질을 판단한다.

후자의 사람은 다른 일에 관해서도

겉으로 보이는 양의 크기나 압도적인 박력에 현혹되지 않는다.

무엇이 인간에게 의미와 가치가 있는 본질인가?

이를 꿰뚫어 보는 눈을 가지는 것이 중요하다.

● 방랑자와 그의 그림자

152

기술 이전의 문제

논리적이고 설득력 있는 문장을 쓰기 위해

작문 테크닉을 아무리 배운다고 해도

논리적인 글을 쓸 수 있는 것은 아니다.

자신의 표현이나 문장을 개선하기 위해서는

기술을 익히기 이전에 자신의 머릿속을 개선하는 일이 우선이다.

이를 바로 이해하지 못하는 사람은 말 그대로 이해력이 부족하기에

진실은 영원히 모른 채

언제까지고 눈앞의 기술에만 집착하게 된다.

● 방랑자와 그의 그림자

체험만으로는 부족하다

분명 체험은 중요하다.

체험에 의해서 사람은 성장할 수 있다.

그러나 갖가지 체험을 많이 했다고 해서

다른 사람보다 무조건 훌륭하다고 말할 수는 없다.

비록 많은 체험을 했을지라도 이후에 그것을

곰곰이 고찰하지 않는다면 무용지물이 될 뿐이다.

어떤 체험을 하든지 깊이 사고하지 않으면,

꼭꼭 씹어 먹지 않으면 설사를 거듭하게 된다.

결국 아무것도 배우지 못하며

무엇도 자신의 것으로 만들지 못한다.

● 방랑자와 그의 그림자

154

태만에서 나온 신념

적극적인 열정이 의견을 만들고

마침내 주의, 주장이라는 것을 낳는다.

중요한 것은 이후의 일이다.

자신의 의견이나 주장을 전면적으로 인정받고 싶다는 생각에

언제까지고 의견이나 주의, 주장에 집착하면

그것은 융통성 없는 신념으로 변해 버린다.

신념이 있는 사람은 왠지 모르게 훌륭해 보이지만

그는 자신의 과거 의견을 계속 가지고 있을 뿐

그 시점부터 정신 또한 멈춰 버린 사람에 불과하다.

결국 정신의 태만이 신념을 만들고 있는 셈이다.

아무리 옳은 듯 보이는 의견이나 주장도

끊임없이 신진대사를 반복하고, 시대의 변화 속에서 다시 사고하고,

다시 만들지 않으면 안 된다.

● 인간적인 너무나 인간적인

학업은 세상을 잘 살아가는
토대가 된다

주어진 임무나 약속을 잘 이해하고 제대로 이행하기 위해서는

충분한 이해력과 기억력이 필요하다.

이해력과 기억력은 단련하여 획득할 수 있는 지성의 일부다.

상대에 대하여 혹은 멀리 있는 누군가에 대하여

동정심을 갖기 위해서는 충분한 상상력이 필요하다.

상상력 또한 훌륭한 지성의 일부다.

인간적인 윤리나 도덕이라는 것은 이런 식으로

지성과 강하게 결부되어 있다.

그리고 지식이 없는 지성이라는 것은 있을 수 없다.

아무 도움도 되지 않아 보이는 지금의 공부 하나하나가

인간으로서 잘 살아가기 위한 밑거름이 된다 말할 수 있다.

● 인간적인 너무나 인간적인

156

진리의 논거

이것이 진리라는 것을 정열의 온도로 가늠하지 마라.
정열이 보다 크다고 해서
그것이 진리라는 증거는 어디에도 없다.
그럼에도 불구하고 그처럼 느끼는 사람이 적지 않다.
역사가 오래 되었기 때문에, 전통이 어디보다 길기 때문에
그것이 진리라는 논거 또한 결코 성립하지 않는다.
그러한 것을 강하게 주장하는 사람은
때에 따라서 역사를 위조하기도 하므로
주의 깊게 살필 필요가 있다.

● 아침놀

시설과 도구는 문화를 낳지 못한다

극장이나 미술관처럼 거대하고 훌륭한 시설을
끊임없이 만든다고 하여
보다 큰 문화가 속속 태어나는 것은 아니다.
도구나 기술을 다채롭게 갖출수록
풍요로운 문화의 조건과 기초가 쌓이는 것도 아니다.
문화를 낳는 것은 마음이다.
그런데 현대 관료나 상인은 서로 손을 맞잡고
문화를 발전시킬 수단이라 불리는 것을 꺼내 들며
오히려 문화를 괴멸시킬 위험을 증대시키고 있다.
비록 지금 시대가 이러하지만
문화의 본질이 사물과 수단이라 여기는 사고방식에 대하여
우리는 강하게 저항해 나가지 않으면 안 된다.

● 인간적인 너무나 인간적인

158

읽어야 할 책

우리가 읽어야 할 책이란 다음과 같은 것이다.

읽기 전과 읽은 후 세상이 완전히 달리 보이는 책.

우리들을 이 세상의 저편으로 데려다주는 책.

읽는 것만으로도 우리의 마음이 맑게 정화되는 듯 느껴지는 책.

새로운 지혜와 용기를 선사하는 책.

사랑과 미에 대한 새로운 인식, 새로운 관점을 안겨 주는 책.

● 즐거운 학문

삶과 강하게 맞서는 것을 선택하라

죽음을 다루면서도

삶에 대한 자극이 되는 양서가 있는가 하면,

생명을 주제로 하면서도

삶을 나약하게 만드는 해로운 책이 있다.

그 차이는 책에 담긴 삶에 자세가 어떠한가로 가늠된다.

언어로든, 행동으로든 삶과 강하게 맞서는 것들은 좋은 것이다.

생동감 넘치는 것들은 끊임없이 주위에 좋은 영향을 미친다.

우리의 등을 토닥이며 살아가는 데 자극이 되어 준다.

그리고 누군가는 그러한 좋은 것을 선택함으로써

이미 많은 것을 살리기도 한다.

● 방랑자와 그의 그림자

160

뛰어난 글에는 통합의 정신이 있다

뛰어난 글은 어떻게 시대를 막론한 수많은 인물의 사고와 행위,

미묘한 감정을 그토록 세세히 담을 수 있을까?

하나의 서사를 말하면서도 처지와 성격이 상이한 별개의 인간들을

어쩌면 그리 생생히 표현할 수 있는 것일까?

뛰어난 글은 작가 개인의 정신만으로 만들어지는 것이 아니기 때문이다.

벗의 마음과 영혼, 나아가 무수히 많은 타인의 마음과 영혼을

아우르고 있기 때문이다.

그것이 바로 통합의 정신이며

그 안에는 수많은 사람이 함께 숨 쉬고 있다.

● 인간적인 너무나 인간적인

고전을 읽는 이유

대부분의 독서는 많은 유익을 가져다준다.

특히 고전은 자양분으로 충만해 있다.

옛 서적을 읽는 것으로 우리는 지금의 시대에서 멀리 날아갈 수 있다.

완전히 낯선 외국의 세계로 갈 수도 있다.

그런 뒤 다시 현실로 돌아왔을 때 무슨 일이 일어날까.

현대의 전체적인 모습이 지금까지보다 더욱 선명히 보인다.

이렇게 우리는 새로운 관점을 가지고

새로운 방법으로 현대를 접할 수 있다.

막다른 길에 서 있다고 느낄 때 읽는 고전은

지성의 고양에 특효약이다.

● 인간적인 너무나 인간적인

162

배울 의지가 있는 사람은
지루함을 느끼지 않는다

배우고 지식을 쌓고, 지식을 다시 교양과 지혜로
넓혀가는 사람은 지루함을 느끼지 않는다.
모든 것이 이전보다 한층 더 흥미로워지기 때문이다.
다른 사람과 같은 것을 보고 들어도 그 사람은
평범한 것에서 교훈이나 단서를 간단히 찾아내고
사고의 틈새를 메울 그 무언가를 발견한다.
결국 그의 나날은 수수께끼 풀이와 진배없는
지식 획득의 재미로 채색되고, 의미 있는 충만함으로 채워진다.
그에게 세계는 마치 식물학자가 정글 속에 있는 것처럼
흥미롭기 그지없는 탐험의 대상이다.
매일이 발견과 탐색으로 가득하기에 지루할 틈이 없다.

● 방랑자와 그의 그림자

일의 완성까지 기다리는 인내를 가져라

재능이나 기량을 충분히 갖추고 있어도

일을 완성시킬 수 없는 사람이 있다.

그는 시간을 믿고 완성을 기다리지 못한다.

자신이 손만 대면 무슨 일이든 완성된다고 믿는다.

그 때문에 언제나 어정쩡한 결과로 끝나 버린다.

업무 수행에서도, 작품 제작에서도 차분히 힘쓰는 것이 중요하다.

성급히 대처한다고 해서

보다 빨리 완성되는 것이 아니기 때문이다.

일을 완성하는 데는 재능과 기량보다도

시간에 의한 숙성을 믿으며 끊임없이 걸어가는

인내의 기질이 결정적인 역할을 맡는다.

● 방랑자와 그의 그림자

164

너무 힘주지 마라

자신이 가진 힘의 사분의 삼 정도의 힘으로
작품이나 일을 완성시키는 것이 가장 적당하다.
온 힘을 다해, 온 마음을 기울여 완성한 것은
왠지 모르게 보는 이에게 고통스러운 인상을 주고
긴장을 불러일으키기 때문이다.
그것은 일종의 불쾌감과 혼탁한 흥분을 필연적으로 가져온다.
거기에는 그것을 만들어 낸 인간의 불쾌감이
어딘가에 배어 있기 때문이다.
그러나 사분의 삼 정도의 힘으로 완성한 것은
어딘지 모르게 느긋한 여유가 느껴지는 넉넉한 작품이 된다.
일종의 안심과 건전함을 선사하는 쾌적한 인상의 작품이다.
결과적으로 많은 사람이 쉽게 받아들이는 것으로 완성된다.

● 인간적인 너무나 인간적인

뒷정리를 잊지 마라

건축가의 도덕이란 집을 짓고 난 뒤
터전을 깔끔히 치우는 것이다.
원예가의 도덕은 나뭇가지를 자른 뒤
떨어진 가지와 잎을 청소하는 것이다.
이와 마찬가지로 우리도 무엇인가를 이루었다면
뒷정리를 확실히 해야 한다.
그렇게 해야 착수한 일이 끝나고 비로소 완성을 거둔다.

● 방랑자와 그의 그림자

166

물러서야 비로소 파악할 수 있다

모네가 그린 점묘화는

가까이서 보면 무엇을 표현한 것인지 알 수 없다.

멀찌감치 물러서서 감상한 후에야

비로소 거기 그려진 대상의 윤곽을 알 수 있다.

어떤 일의 소용돌이 속에 있는 사람도 이와 같다.

가까이 있으면 무엇이 어떻게 되어 있는지 이해할 수 없다.

그러나 그 일에서 멀찌감치 떨어져 보면 무엇이 문제인지 또렷이 보인다.

소용돌이를 구성하는 축이 무엇인지 확연히 부각되기 때문이다.

이 방법은 복잡한 것을 단순화한다.

사상가라 불리는 사람은 우선 이 방법을 사용하여

실타래처럼 얽히고설킨 일에서

굵직한 틀이 되는 것을 끄집어내어 단순화하고

어느 누구나 쉽게 알아볼 수 있는 것으로 만든다.

● 즐거운 학문

자신의 철학을 가지지 마라

일반적으로 '이러이러한 철학을 갖고 있다'라고 말할 때는
어느 정도 굳어진 태도와 의견을 가지는 것을 뜻한다.
그러나 그것은 자신을 획일화하도록 만든다.
그런 철학을 갖기보다는
때때마다 인생이 들려주는 속삭임에 귀 기울이는 것이 낫다.
그 편이 일이나 생활의 본질을 명료하게 볼 수 있기 때문이다.
그것이야말로 철학하는 것이다.

● 인간적인 너무나 인간적인

합리성만으로 판단하지 마라

어떤 일이 불합리하다는 것이

그것을 폐지해 버리는 최우선적인 이유가 되지는 않는다.

불합리하기에 오히려

그 같은 일이 필요한 첫 번째 조건이 되는 경우도 있기 때문이다.

● 인간적인 너무나 인간적인

추구하는 것은 이곳에 있다

당신이 서 있는 장소를 깊이 파고들어라.

샘은 당신의 발아래에 있다.

이곳이 아닌 어느 먼 장소에서, 낯선 이국의 땅에서

자신이 바라는 것, 자신에게 가장 맞는 것을

구하려는 젊은이들이 너무도 많다.

실은 자신이 한 번도 시선을 주지 않았던 발아래에야말로

끝없이 깊은 샘이 자리하고 있다.

추구하는 것이 묻혀 있다.

자신에게 주어진 많은 보물이 잠들어 있다.

● 농담, 음모 그리고 복수

자신에게 재능을 주어라

천부적인 재능이 없다고 비관할 필요는 없다.

재능이 없다고 생각한다면,

그것을 습득하면 된다.

● 아침놀

사고는 언어의 질과 양으로 결정된다

평소 우리는 마음속에 떠오른 생각이나 감정을

누군가에게 이야기하곤 한다.

이때 자신의 생각이나 느낀 바를

대체로 말로 표현했다고 믿을 뿐 아니라

전부는 아닐지라도 상대에게 상당 부분 전해졌다고 낙관하기 일쑤다.

그러나 우리는 자신이 가진 언어를 통해 생각을 표현한다.

즉, 가진 언어가 빈약하면 표현도 빈약해지기 마련이며

실제로 생각과 감정이 충분히 표현된다고 하기 어렵다.

동시에 그 언어의 질과 양이 사람의 사고와 마음을 결정하기도 한다.

어휘가 적은 사람은 생각도, 마음가짐도

거칠고 무미건조해지는 식이다.

그렇기에 훌륭한 사람들과의 대화나 독서, 공부로

언어의 질과 양을 증가시키는 것은

자연히 사고와 마음을 풍요롭게 만든다.

● 아침놀

172

말의 향기

그 무엇과도 잘 어울리는 기분 좋은 향기가 있는 반면,
그저 겉돌기만 하는 이취가 있다.
우리가 쓰는 말에도 각자의 독특한 향기가 배어 있다.
물이 흐르듯 자연스럽게 조화를 이루는 말이 있는가 하면
그렇지 못한 말이 있다.
그렇기에 자신의 말에 더욱 민감해져야 한다.
좋은 향기를 풍기는지 혹은 악취를 내뿜지는 않는지
유심히 음미할 필요가 있다.

● 인간적인 너무나 인간적인

현명함은 얼굴과 몸에 묻어난다

현명하게 생각하는 습관을 익히면

어느 결에 그 사람의 얼굴은 슬기로움의 빛으로 채워진다.

표정뿐 아니라 겉모습에서도 현명함이 묻어난다.

예컨대 타인의 눈에는 그의 동작이나 자세에서 섬세함이 엿보인다.

이렇듯 어떤 정신을 가지는가에 따라 인간의 행동 또한 달라진다.

건강한 사람이 활기차게 걷듯이,

슬픔과 실의를 간직한 사람이 터덜터덜 걷듯이.

● 인간적인 너무나 인간적인

174

사랑하는 방법은 변한다

젊은 시절 마음을 사로잡히거나 사랑에 빠지는 대상은
대개 신기한 것, 재미있는 것, 색다른 것들이다.
그리고 보통은 그것이 진짜인지 가짜인지에 대해서는
그다지 신경 쓰지 않는다.
사람이 조금 더 성숙해지면
진짜와 진리가 가진 흥미로움을 사랑하게 된다.
사람이 한층 원숙해지면
젊은이들은 단순하다 혹은 시시하다며 거들떠보지도 않는
진리의 깊이를 기꺼이 사랑하게 된다.
비록 멋이나 기교는 없을지라도, 진리야말로
최고의 심원함을 이야기한다는 것을 깨닫게 되기 때문이다.
사람은 이처럼 자신의 깊이에 따라 사랑하는 방법을 달리해 간다.

● 인간적인 너무나 인간적인

대화의 효용

대화.

생각 없이 행하는 세상 돌아가는 얘기나 소문의 응수가 아니라,

정해진 무언가에 대하여 차분히 의견을 나눔은 매우 중요하다.

왜냐하면 그 같은 대화를 통해

자신이 무엇을 생각하고 있는지, 무엇을 간과하고 있는지를

분명히 자각할 수 있고 문제의 요점이 어디에 있는지도

지금보다 더 명료하게 볼 수 있기 때문이다.

그럼으로써 하나의 사고라는 것이 만들어진다.

혼자서 우물쭈물 생각만 하면

사고는 맴돌기만 할 뿐 아무것도 정리되지 않는다.

그때 대화는 서로에게

사고의 산파가 되어 도움을 준다.

● 선악의 저편

176

말이라는 망망대해를 향해 노를 저어라

사람들은 언어, 즉 말이라는 매개체를 통해

자신의 생각을 자유롭게 표현한다고 여긴다.

물론 타인의 말 또한 충분히 이해하고 있다고 믿는다.

그러나 현실에 실제 존재하는 '말'이란 것은

우리의 생각을 담기에 그리 넓지 않으며

개개인이 사용하고 있는 말은 더욱 협소하다.

그처럼 좁은 범위의 언어 가운데 일부만을 말로 내뱉고 있는 것이다.

생각하는 것조차 자신이 가진 작은 언어의 웅덩이 속에 한정된다.

그렇기에 더 큰 자아, 더욱 넓은 세계를 향하고

자신의 가능성을 높이고자 한다면

우선은 자신의 말을 망망대해로 만드는 것이 필요하다.

● 아침놀

낮은 시점에서 바라보라

가끔은 등을 굽히고
가능한 한 자세를 낮추듯 웅크리고 앉아
풀과 꽃, 그 사이를 춤추는 나비를 가까이서 바라보라.
지금껏 그저 멀리서 내려다보기만 했던 그곳에는
풀과 꽃, 곤충이라는 또 다른 세계가 있다.
어린아이가 매일 당연한 듯 보고 있는 세계의 모습이 펼쳐져 있다.

● 방랑자와 그의 그림자

지혜는 분노를 진화한다

지혜롭지도 현명하지도 않은 자의 특징은 이러하다.

곧잘 화를 낸다. 가감 없이 울분을 드러낸다.

불평불만이 많다. 초조해한다.

가만히 있지를 못한다.

그러나 지혜가 깊어질수록 분노와 울분은 사그라진다.

● 인간적인 너무나 인간적인

육체는 위대한 이성이다

사람들은 흔히 정신이나 이성이

우리의 육체를 움직인다고 믿는다.

육체에 정신 혹은 이성이 깃들어 있다고 생각한다.

정말 그러할까.

내장의 정밀한 움직임을 조절하는 것이 과연 정신이나 이성일까.

혹은 위험이 닥친 순간, 순식간에 몸을 비키게끔

지시하는 것이 과연 정신과 이성일까.

정신과 이성이 작용하기 전에

우리의 육체는 스스로 생존에 대한 최선의 작용을 한다.

그렇다면 육체야말로 생존의 지혜로 가득 찬

위대한 이성이라고 불러야 하지 않을까.

● 차라투스트라는 이렇게 말했다

X

아름다움과
고귀함에
대하여

SCHÖNHEIT &
ERHABENHEIT

180

풍경이 마음에 선사하는 것

평소의 생활이나 업무 속에서

불현듯 주위를 돌아보거나 멀리 시선을 두었을 때,

산과 숲이 펼쳐지고 아련한 수평선 혹은 지평선이라는

확고하고 안정된 선이 있다는 것은 매우 중요하다.

언뜻 그것은 단지 눈에 익은 풍경에 지나지 않을지 모른다.

그러나 그 풍경 속에 있는 견고하고 안정된 선은

인간 내면에 차분함과 충족감, 안도감과 깊은 신뢰라는 것을 선사한다.

모든 이가 그것을 본능적으로 알기에

창 너머 보이는 풍경을 중시하고

자연과 좀 더 가까이 있는 보금자리를 선택하려고 한다.

● 인간적인 너무나 인간적인

자신의 눈으로 보라

스위스 제네바에서 본 몽블랑 주변의 산들은 하나같이
아름답고 풍부한 표정으로 가득했다.
그런데 '몽블랑은 가장 높은 봉우리로,
천연의 아름다움에 싸여 있다'는 관광적인 지식 때문에
사람들의 눈은 몽블랑에만 머무른다.
이래서는 진정한 아름다움을 즐길 수 없다.
지식이 아니라 자신의 눈이 보고 있는 아름다움을 인정하라.

● 방랑자와 그의 그림자

밤을 위한 음악과 달

우리는 왜 음악을 사랑하고
밤하늘의 달을 사랑하는 것일까.
아마도 음악과 달빛 모두 우리의 밤을
아름답게 비춰 주기 때문일 것이다.
우리 마음에 찾아오는 수많은 어둠의 밤을.

● 인간적인 너무나 인간적인

음악은 영혼을 밖으로 이끈다

음악이 마음을 평온하게 만드는 이유는
혼탁한 현실 속에서 아등바등하는 우리 자신으로부터
영혼을 이끌어 내어 위로하기 때문이다.
음악은 현실의 테두리 밖으로 영혼을 가만히 옮겨다 놓고,
현실 속 나를 저만치서 바라보게 한다.
고요하고 평온한 공기 속에서 무엇도 할 필요가 없다.
침묵에 나를 맡길 뿐이다.
그럼으로써 영혼은 음악에 귀를 기울인다.
오직 자신만을 위한 속삭임, 노래라 믿으며
영혼은 위로받는다.

● 아침놀

184

멀리 떨어져 바라볼 때

때로는 먼 시야라는 것이 필요할지도 모른다.
예컨대 친한 친구들과 떨어져 그들을 생각할 때,
함께 있을 때보다 그들은 한층 더 아름답고 그립게 여겨진다.
음악 또한 그것과 멀어져 있을 때
더 큰 사랑과 그리움을 느끼게 된다.
그처럼 때로는 대상과 거리를 두고 멀리 떨어져 응시할 때,
많은 것들이 자신의 생각보다
더 소중하고 아름다운 것임을 깨닫게 된다.

● 아침놀

나무에게 배워라

소나무가 자아내는 분위기는 어떠한가.

마치 귀를 기울이고 무엇인가를 들으려는 듯하다.

전나무는 어떠한가.

꿈쩍도 하지 않은 채 무엇인가를 기다리고 있는 듯하다.

이 나무들은 조금도 초조해 하지 않는다.

당황하지 않고, 조바심 내지 않으며, 아우성치지 않고

고요함 속에서 가만히 인내할 뿐이다.

우리도 소나무와 전나무의 태도를 배울 필요가 있다.

● 방랑자와 그의 그림자

자연은 이루어 낸다

자연은 무엇도 가지려 하지 않는다.
그럼에도 자연은 반드시 목적을 달성한다.

● 생성의 무구

이상과 꿈을 버리지 마라

이상을 버리지 마라.

자신의 영혼 속에 있는 영웅을 버리지 마라.

누구나 높은 곳을 목표로 한 이상과 꿈을 가지고 있다.

그것이 과거의 일이었다며, 청춘 시절의 일이었다며

그리운 듯 떠올려서는 안 된다.

지금도 자신을 발전시키기 위한 이상과 꿈을 포기해서는 안 된다.

어느 사이엔가 이상과 꿈을 버리게 되면

그것을 말하는 타인이나 젊은이를 조소하게 된다.

시샘과 질투로 마음이 물들어 혼탁해지고 만다.

발전하려는 의지나 자신을 이기려는 마음 또한 버려지고 만다.

나은 삶을 살기 위해서,

자신을 하찮게 여기지 않기 위해서라도

결코 이상과 꿈을 버려서는 안 된다.

● 차라투스트라는 이렇게 말했다

188

젊은이들에게

자유롭고 높은 곳으로 당신은 가려고 한다.

그런 당신은 아직 젊기에 많은 위험에 노출되어 있기도 하다.

그러나 나는 간절히 원한다.

당신이 사랑과 희망을 결코 버리지 않기를.

당신의 영혼에 깃든 고귀한 영웅을 버리지 않기를.

당신이 희망의 최고봉을 계속 성스러운 것으로 바라보기를.

● 차라투스트라는 이렇게 말했다

좋은 것으로 가는 길

모든 좋은 것은
멀리 돌아가는 길을 통해 목적에 다다른다.

● 차라투스트라는 이렇게 말했다

오직 자신만이 증인인 시련

자신에게 시련을 주어라.

아무도 모르는, 오직 증인이라고는 자신뿐인 시련을.

이를테면 그 누구의 눈에도 띄지 않는 곳에서 정직하게 산다,

혼자 있는 경우라도 예의 바르게 행동한다,

자기 자신에게조차 티끌만큼의 거짓말도 하지 않는다.

그 수많은 시련을 이겨 냈을 때 스스로를 다시 평가하고,

자신이 고상한 존재라는 사실을 깨달았을 때

비로소 사람은 진정한 자존심을 가질 수 있다.

이는 강력한 자신감을 선사한다.

그것이 자신에 대한 보상이다.

● 선악의 저편

超譯
니체의 말
필사집

1판 1쇄 2025년 6월 23일

지은이 프리드리히 니체
엮은이 시라토리 하루히코
옮긴이 박재현 · 박미정

발행인 김인태
발행처 삼호미디어

등록 1993년 10월 12일 제21-494호
주소 서울특별시 서초구 강남대로 545-21 거림빌딩 4층
www.samhomedia.com
전화 (02)544-9456
팩스 (02)512-3593

ISBN 978-89-7849-717-6 (03100)